文化艺术资源
标准化技术体系研究

孙　豪◎著

中国出版集团　现代出版社

图书在版编目（CIP）数据

文化艺术资源标准化技术体系研究 / 孙豪著. —
北京：现代出版社，2023.7
ISBN 978-7-5231-0366-1

Ⅰ. ①文… Ⅱ. ①孙… Ⅲ. ①文化艺术—资源管理—
标准化管理—研究—中国 Ⅳ. ①G122

中国国家版本馆CIP数据核字（2023）第143070号

文化艺术资源标准化技术体系研究

选题策划：竹　岗
责任编辑：竹　岗
助理编辑：陈思羽
出版发行：现代出版社
地　　址：北京市安定门外安华里504号
邮　　编：100011
电　　话：（010）64267325
传　　真：（010）64245264
网　　址：www.1980xd.com
印　　刷：北京建宏印刷有限公司
字　　数：147千字
开　　本：787 × 1092mm 1/16
印　　张：12.25
版　　次：2023年7月第1版，2023年7月第1次印刷
书　　号：ISBN 978-7-5231-0366-1
定　　价：39.80元

序 言

文化艺术资源标准化是文化领域标准化工作的重要组成部分。自2008年1月全国文化艺术资源标准化技术委员会成立以来，在国家出台的《文化标准化中长期发展规划（2007–2020）》等一系列文件指导下，文化艺术资源标准化工作取得了极大的进展，有了初步基础。然而，随着文化艺术事业的迅猛发展，文化艺术资源标准数量少、水平低、适用性较差、缺乏统一规划等问题仍然突出，加快全国文化艺术资源标准化工作作为一项紧迫任务的现状仍然没有改变。

21世纪前20年，是我国标准化事业实现跨越式发展的关键时期。2016年在北京举行的第39届国际标准化组织（ISO）大会再次将中国标准工作聚焦在世界舞台中央。随着中国社会经济的发展，中国在世界经济格局中也正经历着从“中国制造”向“中国标准”的角色转变。在我国文化艺术发展的重要战略机遇期，应该更好、更快、更有力地推动文化艺术资源领域标准化建设工作。

目前，文化艺术资源标准化工作面临的首要问题是，标准化工作的具体对象尚未明确、标准范畴边界尚未划清、标准体系尚未确立。因此，集中力量优先解决标准对象范畴、体系框架等基础问题，是文化艺术资源标准化建设的重中之重。

针对上述问题，这个小书试图做一个努力，在借用国内外已有的成果和经验基础上，从宏观角度对我国具体情况进行分析研究，兼顾学理性和实用性，以期形成我国文化艺术资源标准框架体系的草案，最终能推动指导我国文化艺术资源领域的标准化建设。

具体做法是：通过梳理国内外已经形成的文化艺术资源标准化技术理论成果和对比研究，分析国内外现有文化艺术资源标准化技术的优劣及其成因，为我国文化艺术资源标准规范体系构建提供理论依据和参照指标，并依照我国文化艺术资源管理、保护与发展的理念和实际需求，构建一个较为合理、科学的我国文化艺术资源标准化技术体系，从而有效指导文化艺术资源标准化事业向着更加标准化、规范化发展。

从宏观角度而言，研究建设符合我国文化艺术事业发展需求的文化艺术资源标准化技术体系，具有重要的战略和实践意义：

首先，研究文化艺术资源标准化技术体系建设，是进一步贯彻实施国家标准化战略、全面提升我国标准化工作水平的重要组成部分。当前，我国正以推进实施标准化战略为主线，持续深化标准化工作改革，大力推动实施“标准化+”行动，开展新产业新动能标准化领航工程。研究创建文化艺术资源标准化技术体系，有利于推进标准化进程，发挥标准化对社会文化发展的基础性战略性引领性作用。

第二，研究文化艺术资源标准化技术体系建设，积极组织开展标准化体系构建理论研究，充分利用研究成果指导标准化体系建设工作，有助于提高文化艺术资源标准化和技术化工作的积极性与主动性，也有助于提高我国文化行业标准制定实践的科学性与系统性，是建设符合我国文化艺术事业发展需求的标准规范体系必不可缺的关键环节。

第三，研究文化艺术资源标准化技术体系建设，有助于进一步提升我国文化艺术资源标准化技术工作水平，推动非物质文化遗产传承和保护，促进民族文化产业的创新发展与合作共享。必要的国家标准带来统一的技术要求和技术规范，使各地各单位在对文化艺术档案资料进行数字化处理和管理时，一改各自为政的局面，反映文化艺术资源的录音、录像资料可以得到有效的保存和共享。

由于文化艺术资源标准化工作起步较晚，相关研究还比较缺乏，加之笔者的能力有限，这个小书会有不少缺点、错误，诚恳地希望读者朋友批评指正。感谢现代出版社赵仲明、竹岗以及其他老师的辛勤劳动，为小书的面世提供机会，让这个研究为文化艺术事业标准化工作起一点添砖加瓦的作用。

谨为序。

目 录

第一章 “文化艺术资源标准化技术体系”的基本内涵

“文化艺术资源标准化技术体系”是一个内涵较为复杂的组合词汇，包含了“文化艺术”“资源”“标准化技术”等概念，需要对其基本内涵与范畴进行界定。

第一节 “文化艺术资源”的基本内涵与范畴

一、何为“文化艺术”？

文化艺术，是人类社会发展的产物，是人类精神文明的重要载体。一直以来，学界对于“文化艺术”以及“文化”“艺术”等概念的界定，存在着诸多既有共同点又有差异性的观点。

较为一致的看法是，人类为求生存发展，结成一定社会关系，进行种种有社会意义的创造活动。这些活动方式、活动过程及其成果的整合，就是“文化”。文化包括知识、信仰、艺术、道德、法律、习俗和个人作为社会成员所必需的其他能力及习惯。如美国文化学者克罗伯和克拉克洪，在对其搜集到的160多个关于文化的定义进行梳理辨析后总结到：

“文化由外层的和内隐的行为模式构成；这种行为模式通过象征符号而获致和传递；文化代表了人类群体的显著成就，包括它们在人造器物中的体现；文化的核心部分是传统的（即历史地获得和选择的）观念，尤其是它们所带的价值。文化体系一方面可以看作是行为的产物，另一方面则是进一步的行为的决定因素。”①

一般来说，人们对文化的理解有三个层次：

第一个层次主张，文化是涵盖人类所有文明成果的大文化观。美国文化人类学

① 转引自傅铿《文化：人类的镜子——西方文化理论导论》，上海人民出版社，1990，第12页。

家维斯拉认为："在历史以及社会科学中，把所有人们的种种生活方式称作文化。"

第二个层次主张，文化应主要指人类精神文化方面的创造性成果，而不包括物质生产及其器物性、实体性成果。

第三个层次的文化概念大大缩小了文化的范围，它沿袭了传统和现实生活中人们对文化的直观理解，即将文化理解为以文学、艺术为主的文化，是人类"更高雅、更令人心旷神怡的那一部分生产生活方式"。

"艺术"的概念相对来说较为统一。从广义的角度来说，它是才艺和技术的统称，主要是指用形象来反映现实但比现实有典型性的社会意识形态，包括文学、书法、绘画、摄影、雕塑、建筑、音乐、舞蹈、戏剧、电影、曲艺、电子游戏等。

当"文化""艺术"两个概念并用为"文化艺术"（简称"文艺"）时，人们通常偏向于采用上文所述的对"文化"概念的第三个层次的理解。它的内涵主要是指以各种艺术形式存在的生产生活方式，包括文学艺术，音乐、舞蹈、戏剧（含戏曲、曲艺）、杂技等表演艺术，美术（含书法、绘画、摄影）、雕塑等造型艺术，电影、电视、动漫、游戏等电子艺术以及综合艺术。这些人类特有的生产生活方式，具有主要用以满足人类特有的精神文明需求，同时对物质文明的创造也具有促进推动作用。

文化艺术具有历史性。每一种社会形态都有与其相适应的文化艺术，每一种文化艺术都随着社会物质生产的发展而发展。社会物质生产发展的连续性决定了文化的发展也具有连续性和历史继承性。因此，从时间范围角度而言，文化艺术应当涵盖中国各个历史阶段上形成的所有样态。整体划分的话，文化艺术应包括历史遗留的传统文化艺术和创新发展的现代文化艺术。

文化艺术也具有地域性。文化艺术的形态特征，是以地域为根基，由地域环境所滋养。不同民族在不同地域内繁衍生息，造就出不同特征的艺术群体，构成了国家艺术的总体面貌。我国地大物博，丰富多彩的地理自然环境和人文环境造就了丰富多彩的文化艺术；独特的地域风情使文化艺术获得举足轻重的地位。因此，从地域范围而言，本文所指的"文化艺术"应当包含我国所有地区的文化艺术。

文化艺术还具有民族性、社会性等人文性质。文化艺术是一个民族、一个社会组织的集体创造。它立足于特定民族的文化艺术传统及审美意识，表现着特定民族人民群众的生活、思想感情、愿望和艺术审美情趣，具有特定的民族性特点。文化艺术的创作者往往运用本民族独特的艺术形式和艺术手法来反映现实生活，使文艺作品有民族气派和民族风格。因此，本文所指的“文化艺术”，应当包含我国所有民族所持有的文化艺术。如对其进行民族分类，可分为汉族文化艺术和各个少数民族文化艺术；如从持有者的群体规模来说，又可分为小众文化艺术和大众文化艺术（或“群众文化艺术”“公共文化艺术”）；从持有者的社会阶层属性来说，又可以分为官方文化艺术和民间文化艺术（如民俗文化艺术）；从现实流行程度来说，有“主流文化艺术”和“非主流文化艺术”；等等。

二、作为“行业”的文化艺术

从社会分工的角度来多，“文化艺术”又应当从属于某一社会经济行业。根据自 2017 年 10 月 1 日至当前使用的《国民经济行业分类标准》（GB/T 4754-2017），国民经济行业分类共有 20 项。“文化艺术”属于第 18 项“R 文化、体育和娱乐业”中的子项目。它又可以细分为“文艺创作与表演”“艺术表演场馆”“图书馆与档案馆”“文物及文化保护”“博物馆”和其他项目。从国家行政管理工作的角度来看，这些行业项目，均属于我国国家行政管理机构“文化和旅游部”（原“文化部”）及省、市、县等各级文化管理机构所管理的事业范围。

国民经济行业分类标准与代码（GB/T 4754-2017）：

A 农、林、牧、渔业；B 采矿业；C 制造业；D 电力、热力、燃气及水生产和供应业；E 建筑业；F 批发和零售业；G 交通运输、仓储和邮政业；H 住宿和餐饮业；I 信息传输、软件和信息技术服务业；J 金融业；K 房地产业；L 租赁和商务服务业；M 科学研究和技术服务业；N 水利、环境和公共设施管理业；O 居民服务、修理和其他服务业；P 教育；Q 卫生和社会工作；R 文化、体育和娱乐业；S 公共管理、社会保障和社会组织；T 国际组织。

R	文化、体育和娱乐业	本门类包括86～90大类
86	新闻和出版业	
87	广播、电视、电影和录音制作业	指对广播、电视、电影、影视录音内容的制作、编导、主持、播出、放映等活动；不包括广播电视信号的传输和接收活动
88	文化艺术业	
89	体育	
90	娱乐业	

从运营方式和意识形态属性来说，包括“文化艺术”在内的“文化”行业，又有事业和产业之分。根据2003年9月国家文化部（现文化和旅游部）制定下发的《关于支持和促进文化产业发展的若干意见》，文中将“文化产业”定义为：

“从事文化产品生产和提供文化服务的经营性行业。文化产业是与文化事业相对应的概念，两者都是社会主义文化建设的重要组成部分。文化产业是社会生产力发展的必然产物，是随着中国社会主义市场经济的逐步完善和现代生产方式的不断进步而发展起来的新兴产业。”①

事业、产业之分具有现实基础。目前，我国政府将人民群众的文化需求分为两个部分：“一部分是体现人民群众文化权益的基本文化需求，另一部分是多样化、多层次、多方面的文化需求。现阶段，我们界定的基本文化需求主要包括读书看报、听广播看电视、进行公共文化鉴赏、参加公共文化活动等。在农村，考虑到过去的传统，每个月为农民免费放映一场电影也属于这个范畴。除此之外，就属于多样化、多层次、多方面的文化需求。”②对于前者，“要以政府为主导，以公共财政为支撑，以公益性文化事业单位为骨干，以全民为服务对象，以基层特别是农村为重点，构建覆盖城乡的公共文化服务体系。”而“对于人民群众多样化、多层次、多方面的文化需求，主要靠市场来满足”，“这就要求我们必须大力发展经营性文化产业，进一步繁荣文化市场。”③

根据2004年国家统计局对“文化及相关产业”的界定，文化产业是为社会公众提供文化娱乐产品和服务的活动以及与这些活动有关联的活动的集合。其范围主要有四个方面：

1.以文化为核心内容，为直接满足人们的精神需要而进行的创作、制造、传播、展示等文化产品（包括货物和服务）的生产活动；

2.为实现文化产品生产所必需的辅助生产活动；

3.作为文化产品实物载体或制作（使用、传播、展示）工具的文化用品的生产活动（包括制造和销售）；

4.为实现文化产品生产所需专用设备的生产活动（包括制造和销售）。

---

① 文化部：《关于支持和促进文化产业发展的若干意见》，2003年第9页。

② 李长春：《正确认识和处理文化建设的若干重大关系》，《求是》，2010年第6期。

③ 黄小驹：《民间艺术品是否需要“标准”应该如何制定》，《中国文化报》，2007年第8期，第10页。

根据国家统计局颁布的《文化及相关产业分类（2012）》标准（参看附录1），文化及相关产业被分为10个大类：一、新闻出版发行服务；二、广播电视电影服务；三、文化艺术服务；四、文化信息传输服务；五、文化创意和设计服务；六、文化休闲娱乐服务；七、工艺美术品的生产；八、文化产品生产的辅助生产；九、文化用品的生产；十、文化专用设备的生产。每个大类又细分为若干个小类。

这里的“文化产业”概念的内涵范围相对较大。根据其标准，作为“文化艺术”行业里的产业部分，应该主要是指其中的第三项“文化艺术服务”以及与其密切相关的其他类别。其又可以细分为7小类、16小项。如下表。

文化及相关产业分类（2012）

类别名称	国民经济行业代码
三、文化艺术服务	
（一）文艺创作与表演服务	
文艺创作与表演	8710
艺术表演场馆	8720
（二）图书馆与档案馆服务	
图书馆	8731
档案馆	8732
（三）文化遗产保护服务	
文物及非物质文化遗产保护	8740
博物馆	8750
烈士陵园、纪念馆	8760
（四）群众文化服务	
群众文化活动	8770
（五）文化研究和社团服务	
社会人文科学研究	7350
专业性团体（的服务）*	9421
—学术理论社会团体的服务	
—文化团体的服务	
（六）文化艺术培训服务	
文化艺术培训	8293
其他未列明教育*	8299
—美术、舞蹈、音乐辅导服务	
（七）其他文化艺术服务	
其他文化艺术业	8790

《国民经济行业分类标准》（2017）将“文化艺术业”的细目调整为：

《国民经济行业分类标准》（2017）中的“文化艺术业”

88		文化艺术业	
881	8810	文艺创作与表演	指文学、美术创造和表演艺术（如戏曲、歌舞、话剧、音乐、杂技、马戏、木偶等表演艺术）等活动
882	8820	艺术表演场馆	指有观众席、舞台、灯光设备，专供文艺团体演出的场所管理活动
883		图书馆与档案馆	
	8831	图书馆	
	8832	档案馆	
884	8840	文物及非物质文化遗产保护	指对具有历史、文化、艺术、体育、科学价值，并经有关部门鉴定，列入文物保护范围的不可移动文物的保护和管理活动；对我国口头传统和表现形式，传统表演艺术，社会实践、意识、节庆活动，有关的自然界和宇宙的知识和实践，传统手工艺等非物质文化遗产的保护和管理活动
885	8850	博物馆	指收藏、研究、展示文物和标本的博物馆的活动，以及展示人类文化、艺术、体育、科技、文明的美术馆、艺术馆、展览馆、科技馆、天文馆等管理活动
886	8860	烈士陵园、纪念馆	
887	8870	群众文体活动	指对各种主要由城乡群众参与的文艺类演出、比赛、展览、文艺知识鉴赏等公益性文化活动的管理活动，以及群众参与的各级各类体育竞赛和活动
889	8890	其他文化艺术业	

文化艺术产业在国际政治方面具有举足轻重的作用。对西方发达国家来说，文化艺术产业扮演着两个“角色”——既是拉动经济增长的产业实践，又是输出意识形态的政治文化利器。同样，对于发展中国家来说，文化艺术产业也肩负着两重使命：它既是发展国民经济的重要产业，又是争夺国际话语权的一个重要领域。

在我国社会政治经济环境中，文化艺术产业既是我国社会主义文化的载体，又是促进市场经济发展的推动力，在我国经济转型中具有非常重要的作用。我国的文化艺术产业经过几十年的发展，产业门类日益健全，产值不断提高，规模逐步扩大，社会效益和经济效益明显增加，在国家经济转型中起到了举足轻重的作用。文化产业是我国推动社会主义文化发展繁荣的着力点，是实施文化“走出去”战略、增强中华文化国际影响力的重要引擎。

上文提到文化艺术的历史性。从时代特征角度来说，文化艺术还可分为传统和现代两大类，因此，针对这两类不同类别的文化艺术所关联的行业（或产业）领域也不尽相同。如，针对传统文化艺术，则主要包含传承、保护、研究等方面的行业；针对现代文化艺术，则主要是应用、创新等方面的行业。前者的典型代表是“文物及非物质文化遗产保护”；后者的典型代表是“文艺创作与表演”。

需要特别说明的是作为新型行业的“非物质文化遗产保护”工作。“非物质文化遗产”是2000年之后才在我国兴起的新兴概念，是表示以口头和技艺等“非物质”形态存在的文化遗产，实质上与“传统文化艺术”概念的内涵有许多重合之处。从中华人民共和国建立到20世纪末的“前遗产”阶段，国家有关传统文化艺术的事业主要被置于“民族民间文化艺术”“民俗文化艺术”等概念框架下进行挖掘、传承、创新与研究。自2001年中国昆曲艺术入选联合国教科文组织第一批“人类口头和非物质遗产代表作”名录之后，传统文化艺术逐步“遗产化”，即通过遗产申报、名录体系的建立，将传统文化艺术转化为“文化遗产”，基于“保护性目标”① 赋予传统文化传承保护的法律与制度属性。遗产化实际是一种合法化、制度化过程。通过大批量的代表性项目、代表性传承人、文化生态保护（实验）区的审报与审批，确定一系列制度框架。

从行业角度而言，“文化艺术资源标准化技术体系”研究的对象应该主要是指我国文化部门（文化和旅游部）所管理的“文化艺术服务”领域。由于艺术表演场馆、图书馆与档案馆服务、文物保护、博物馆、文化艺术培训服务等行业的特殊性，以及动漫、游戏等电子艺术的特殊艺术属性，文化行业标准化管理部门特设专业技术委员会对其标准化事业进行管理。

“文化艺术资源标准化技术体系”研究的主要目的是为“全国文化艺术资源

① 安妮–克洛德·安布鲁瓦兹–朗迪、斯特凡纳·奥利韦西：《从遗产到遗产化：批判视角》，龙希，译，《第欧根尼》，2019年第1页。

标准化技术委员会”的管理对象进行清晰界定。所以，上述已设专业技术委员会进行管理的行业领域，暂排除在这一特定研究所指的“文化艺术”范畴之外。它的核心是文艺创作与表演、非物质文化遗产保护及其相关的各项文化艺术事业与产业。

三、“文化艺术资源”的基本范畴

资源，是对一切可被人类开发和利用的物质、能量和信息的总称，它广泛地存在于自然界和人类社会中，是一种自然存在物或能够给人类带来财富的财富。或者说，资源就是指自然界和人类社会中一种可以用以创造物质财富和精神财富的具有一定量的积累的客观存在形态，如土地资源、矿产资源、森林资源、海洋资源、石油资源、人力资源、信息资源等。

自然资源、社会经济资源与技术资源通常被称为人类社会的三大类资源。社会经济资源又称“社会人文资源”，是直接或间接对生产发生作用的社会经济因素。技术资源广义上也属于社会人文资源，技术是自然科学知识在生产过程中的应用，是直接的生产力，是改造客观世界的方法和手段。

“文化艺术资源”是人类在社会发展过程中创造并借以进一步从事文化生产和文化活动的各种精神产品的总和。它具有时空性，是人类文化中能够传承下来、可资利用的内容和形式。它是人们从事文化生活和生产所必须的前提准备。

从一般意义上来说，文化艺术资源是在内容、主题方面对资源进行划分而形成的一个分支。它是对与文化艺术相关的各类自然资源、社会经济资源和技术资源的统称，包括人物、组织、活动、习俗、制度、作品、理论、文献、器物、场所等一切与文化艺术相关的“人”“事”“物”的总和。

文化艺术资源是一个复杂而庞大的体系，对其进行分类可以有许多种方式。

形式上，文化艺术资源可以分为有形文化艺术资源（如历史遗存遗址、特色民居建筑、历史文化名城名镇、特色服饰、民族民间工艺品等）和无形文化艺术资源（如语言文字、文学艺术、绘画美术、音乐舞蹈、神话传说、风俗习惯、民族节庆等）。

主题上，文化艺术资源可被划分为历史文化艺术资源、民族文化艺术资源、宗教文化艺术资源以及地域文化艺术资源（如都市文化、乡村文化）等。

内容上，文化艺术资源可被划分为精神文化艺术资源、器物文化艺术资源和信息文化艺术资源等。

从文化产业开发的角度，文化艺术资源可被划分为可开发资源和不可开发资源。

总体而言，所谓“文化艺术资源”是指，与音乐、舞蹈、戏剧（含戏曲、曲艺）等表演艺术，美术、书法、雕塑、手工艺等造型艺术，民间文学，民俗、节庆等综合艺术相关的人物、组织、活动、习俗、制度、作品、理论、文献、器物、场所等一切物质、能量和信息的总和。

另外，由于部分文化艺术资源具有较强的专业性和行业特殊性，如“场所”中的剧场、图书馆、文化馆、文化娱乐场所等，“器物”中的舞台机械，“活动”中的社会艺术水平考级、网络文化服务等，我国文化行业管理部门特设专业技术委员会进行管理，故此部分资源也排除在“文化艺术资源标准化技术体系研究”这一特定研究所指的“文化艺术资源”之外。

第二节　“标准化”与“标准化技术体系”的基本内涵

一、何为“标准”?

所谓“标准”，就是“为了在一定的范围内获得最佳秩序，经协商一致制定并由公认机构批准，共同使用的和重复使用的一种规范性文件”。(《标准化工作手册》)《中华人民共和国标准法》第2条规定：标准“是指农业、工业、服务业以及社会事业等领域需要统一的技术要求”。简而言之，“标准”是一种统一的技术要求和规范性文件。

标准是以科学、技术和经验的综合成果为基础，以促进最佳社会效益为目的，而形成的一种规范性文件。它对于加强行业管理、提高创新效率、促进科技成果推广应用等都发挥着重要的作用。在当今国际经济和技术竞争日益激烈的时代，标准正在逐渐超越自身内涵，发挥着其技术范畴之外的作用。在经济和社会发展领域，它的重要性日益突出，早已成为世界各国促进贸易发展、保护民族产业、规范市场秩序、推动技术进步和实现高新技术产业化的重要手段，成为提高国家竞争力的有力措施。

我国的标准有许多类别，根据管理需要，对标准种类的划分主要是以下几种方式：

1. 按行政级别和管理范围分类。根据《中华人民共和国标准化法》，我国标准被划分为四种，即国家标准、行业标准、地方标准、企业标准。各层次之间有一定的依从关系和内在联系，形成一个覆盖全国又层次分明的标准体系。

国家标准，全称“中华人民共和国国家标准”，简称“国标”，是由国家标准化管理委员会发布的标准文件。在 1994 年及之前发布的标准，以 2 位数字代表年份。由1995年开始发布的标准，标准编号后的年份，改以4个数字代表。

行业标准，是国家标准的补充，由由国务院行政主管部门审定的行业标准归口部门编制计划、审批、编号、发布、管理。对需要在全国某个行业范围内统一的技术要求，如暂没有国家标准，便可以制定行业标准。当相应的国家标准被制定、实施之后，该行业标准应自行废止。

地方标准，是区域性标准，由省、自治区、直辖市标准化行政主管部门统一编制计划、组织制定、审批、编号、发布。对需要在省、自治区、直辖市范围内统一的要求又没有相应的国家标准和行业标准的情况下，可以制定地方标准。地方标准的制定范围包括：工业产品的安全、卫生要求；药品、兽药、食品卫生、环境保护、节约能源、种子等法律、法规的要求；其他法律、法规规定的要求。

企业标准，是对企业范围内需要协调、统一的技术要求、管理要求和工作要求所制定的标准，由企业制定并由企业法人代表或法人代表授权的主管领导批准、发布。值得注意的是，企业产品标准的要求不得低于相应的国家标准或行业标准的要求，标准发布后30日内应向政府备案。

除了四级标准以外，还有一种“国家标准化指导性技术文件”，作为对国家标准的补充供使用者参考。其代号为“GB/Z”。

2. 按行业性质分类。根据国家行政管理部门的分类标准，我国行业被正式划分为 67 大类，每个行业用不同标准代号标示。如，文化——WH；汽车——QC；石油化工——SH；化工——HG；石油天然气——SY；有色金属——YS；电子——SJ；机械——JB；轻工——QB；船舶——CB；核工业——EJ；电力——DL；商检——SN；包装——BB；等等。每个行业都有相应的标准，并且在标准文件上体现行业信息。

3.按标准专业性质分类。将标准划分为技术标准、管理标准和工作标准3大类。

技术标准：对标准化领域中需要统一的技术事项所制定的标准。技术标准可进一步分为：基础技术标准、产品标准、工艺标准、检验和试验方法标准、设备标准、原材料标准、安全标准、环境保护标准、卫生标准等类别。每一类还可进一步细分，如技术基础标准可细分为：术语标准、图形符号标准、数系标准、公差标准、环境条件标准、技术通则性标准等小类。

管理标准：对标准化领域中需要协调统一的管理事项所制定的标准，主要是对管理目标、管理项目、管理业务、管理程序、管理方法和管理组织所作的规定。

工作标准：为实现工作（活动）过程的协调，提高工作质量和工作效率，对每个职能和岗位的工作制定的标准。按岗位制定的工作标准通常包括：岗位目标（工作内容、工作任务），工作程序和工作方法，业务分工和业务联系（信息传递）方式，职责权限，质量要求与定额，对岗位人员的基本技术要求，检查考核办法等。

4.按标准功能分类。将重点管理的标准分为：基础标准、产品标准、方法标准、安全标准、卫生标准、环保标准、管理标准等。这些标准都是社会需求量较大、最常用、覆盖面最广的标准。

5. 按标准效力分类。包括推荐性标准和强制性标准两大类。标准文件中用不同代码标示这两类标准。如，推荐性行业标准在行业代号后加“/T”，如“WH/T”即为文化行业推荐性标准，不加“T”为强制性标准。

二、“标准化”及其社会意义

所谓“标准化”，是在科学技术、经济贸易及社会发展等人类实践活动中，对重复性事物和概念，通过制定、实施特定范围、效力的标准方案，以获得最佳秩序、最佳效益的行动过程。

标准化从根本上说来源于社会分工。工业化大生产和社会化分工是标准化的“孵化器”和“推进器”。生产环节中，生产者为了提高劳动生产率，同时降低生产成本，必须按统一的规格尺寸等技术要求，这样才能最大限度地发挥工业化的优势，这个过程为标准赋予了生产属性。在商品流通领域，市场要求产品具有通用性和互换性，以满足社会化分工和专业化生产的需要，这个过程促进使标准又具有贸易属性。

标准化是一门学科，同时也是一项重要的应用技术。它的应用范围极其大，几乎可以覆盖人类行为和社会活动的所有方面。标准化活动对于现代化大生产意义重大，现代化大生产之所以可以存在的必要条件就是标准化。在现代化大生产中，标准化作为科学管理的基础，可以促进科学技术转化成生产力。同时，在商品交换领域，标准化也是推动贸易发展的桥梁和纽带。

标准化工作是各个行业获得健康有序发展的一个必经之路。一个国家或者一个机构如果在某个行业的标准化工作方面取得领先地位，那么这个国家或者机构也将在这个行业取得绝对发展优势。① 国际上，许多发达国家很早就将标准化作为该国社会经济发展的重要战略。作为一个重要的技术基础，标准化对经济和社会发展的推动作用受到越来越多的肯定和重视。

随着国际贸易的兴起，全球工业化规模不断扩大，市场范围越来越广，要想适应经济贸易发展的内在需要，就必须在更大的范围内统一技术要求。在国际市场上，关税壁垒的作用日趋减少，而非关税壁垒的作用却日趋增加，而标准就是非关税贸易壁垒中最重要的部分。

国家标准化组织、区域标准化组织以及国际标准化组织的诞生、发展和壮大就是标准化适应这一历史潮流的必然产物。1865 年，法、俄、德等 20 个国家的代表在巴黎召开会议，首个国际标准化组织“国际电报联盟”诞生。1946 年 10 月，国际标准化组织（ISO）成立，这个组织由 25 个国家发起，中国是发起国之一。标准作为世界通用的语言，发达国家将标准化作为国家战略，以标准抢占经济领域和科技竞争制高点。

文化艺术事业和产业是具有一定社会生产规模的行业领域，标准化同样具有举足轻重的作用。

三、“文化艺术资源标准化技术体系”的基本内涵

文化艺术资源相关标准规范是以科学和技术的综合成果为基础，为实现有关文化艺术各个行业最佳秩序，经文化行业相关利益方协商一致制定，并由公认机构批准，共同、重复使用的，为文化艺术资源管理和工作提供方法和依据

① 《第一部分，标准化和相关活动的通用词汇》，载 GB/T 20000.1–2002《标准化工作指南》，2002 年 6 月 20 日。

的规则、指南和规范性文件。

标准规范既包括标准化主管机构批准的国家标准、行业标准和地方标准，也包括国家政府和地方政府颁布文件中的标准规范。

标准化技术体系是指一定范围内的标准按其内在联系形成的科学的有机整体。[①]标准是组成标准体系的基础，标准化技术体系是标准运行并发挥作用的保障，二者相互作用、密切关联。制修订标准必须以建立完整、科学的标准化技术体系为依据全面规划；标准化技术体系的建设又要从标准制修订的实践中获取素材，以标准化的发展方向和工作重点为引领，不断进行自我完善和修正。

构建科学合理的标准化技术体系，具有十分重要的作用。它可以为行业领域相关部门擘画该行业标准化建设的发展蓝图，为其设计该行业所需标准的总体框架，为其指明未来该行业标准化发展的前进方向和工作重点，为其提供该行业标准化工作中处理重大问题的决策依据，也为其编制年度标准制修订计划提供主要依据；它可以为行业领域相关部门的管理人员和使用人员了解标准、查询标准、选用标准、掌握标准发展动态、了解标准需求等工作提供必要参考；它有助于推进行业领域标准体系的科学化、合理化和实用化，有助于推动形成一套与国际相衔接、符合我国实际情况、设计科学合理的标准集合；它使相关各方可以全面系统地了解行业领域所需各种标准的情况，能够发现与国际国内现状的差距以及短缺程度，并根据建设要求，向标准化管理结构提出申请，确立标准制修订项目，从而使标准化工作更加贴近实际需求，避免盲目决策，避免标准与现实脱节。

面对国内文化艺术发展的新形势和国际文化艺术交流的需要，有必要建立科学、有效、完整的文化艺术资源标准化技术体系，来协调文化艺术资源保护与发展工作领域标准与标准之间的关系，指导该领域标准化工作方向，明确未来该领域标准制修订工作的重点，从而使该领域未来出台的标准充分发挥其技术保障和支撑作用，既能满足社会文化发展和人民精神生活需要，又能够与国际合作竞争环境相适应。

综上，文化艺术资源标准化技术体系的基本内涵是：

① GB3935.1-1996《标准化基本术语第一部分》

由与文化艺术资源相关的、具有内在联系的标准组成的科学的有机整体，它包括确保快速、有效地实现与文化艺术资源相关行业的需求和行为所必需的现有的、正在制定的和应予制定的所有标准。它由多个分体系构成，各分体系之间存在着互相制约、互相依赖、互相补充的关系。根据不同的属性，每个分体系还可以再划分为若干不同的分支。

文化艺术资源标准化技术体系研究工作，根本目的是实现我国文化艺术资源有关工作的标准化与规范化。这些工作包括调查、发掘有关文化艺术资源，并对其进行研究、保护，以及展示利用和数字化等。因此，必须加强国家标准化发展战略在文化艺术资源领域的贯彻实施，发挥标准化工作在落实科学发展观、建设先进文化和推动文化体制改革和文化创新中的技术支撑和保障作用。

第二章 “文化艺术”与“标准化”的辩证关系

对于文化艺术行业领域的标准化工作者而言，时常会遇到一个难题：文化要求多样性，艺术创作要求个性，是否与标准化相矛盾？诚然，虽然“标准”的概念已经深入人心，“标准化”已经广泛进入社会生活，在促进社会进步、经济发展等方面发挥了巨大作用，但在文化艺术研究领域中，有很多从业者却并没有理解标准化，而是以消极或抵抗的态度看待现代标准问题，甚至有人谈标准而“色变”。在他们的观念中，一提起“标准化”，便等同于“固定化”“统一化”“刻板化”，与活态传承的传统文化艺术精神相背离，基本上被置于对立状态。在西方近现代工业化快速发展的背景下，在“文化工业”等大众文化研究理论的推动下，这种思潮更加汹涌。因此，这个问题需要得到有效的辨析与解答。

第一节 文化艺术与标准化的同一性

从功能、结构和基本性质上来说，文化艺术和标准化具有高度的同一性。可以简洁地表述为，文化艺术本质上就是标准化；而标准化作为一种技术，本身就是文化活动。

一、文化艺术本质上是标准化

在人类社会还处于初始阶段的时候，为了交互信息，人类的吼叫逐渐发展成为清晰的声音，并被公认为传递准确语义的声音符号，这其实就是标准化的开始。

（一）文化艺术与标准化具有同一功能

文化艺术的主要功能是“沟通”“定义”和“相互作用”，用以人类社会的构建，是人与人、人与自然以及人与自我之间相互建立的具有契约性质的符号系统。它十分强调“互信”功能，目的是建立起人类社会的秩序，包括人与自然、人类社会以及人类个体内心世界的秩序。这种用以实现“互信”、建立秩序的符号系统，就是“规则”“定义”和“制度”，这些都是“标准”。只不过，每套标准所作用的范围有大有小，强度有高有低，时效有长有短。

标准化无处不在。最显见的文化的基石——人类所使用的语言，就是标准化的语音系统。在较大范围内，人类社会很早就出现了标准化技术，例如秦始皇统一中国后实行的重要的文化制度——“车同轨、书同文、度同制”就是一种标准化的行为。“物度轨则，壹禀于六律，六律为万事根本”（《史记·律书》）。中国古代社会非常重视技术准则的制定。欧洲启蒙主义运动的兴起和工业革命的勃发，使得标准化的概念更加显现出来，这些概念渗透到社会的每一角落和每一制度层面，并演化为社会的一种普遍性逻辑。标准化是技术产品的共同语言、技术参考和契约基础。技术标准是人类文明的一个重要特征。

（二）文化艺术和标准化具有同一结构

从整体结构上来说，文化艺术可以分为“物质”“制度”与“精神”3 个层面。其中，物质层面的文化艺术是人类改造自然界的活动方式及产物，包括文化艺术生产生活方式、设施工具和产品等。制度层面的文化艺术是人类改造社会的文化艺术活动方式及全部产物，包括各种管理制度和规则规范等。精神层面的文化艺术是人类改造自我主观世界的活动方式及全部产物，包括审美方式、价值观念、思维方式、风俗习惯、道德情操等等。

标准化的结构同样具有物质、制度和精神 3 个层次，即标准文本、标准化体制机制和标准化精神。标准文本，如以各类“规范”“指南”“特性”命名的文件，以及各种具有约束意义的规定性文件，均属于此类。标准化体制机制，是社会群体应用标准的实践活动及其产物。标准化精神，是社会群体集体形成的“标准”观念。

（三）文化艺术和标准化具有同一性质

从本质上来说，文化艺术是人类在改造自然、社会、自我过程中产生的各种信息及其物质载体（实物以及人类行为），以及处理这类信息的技术。如音乐艺术，本质是一种人类头脑中产生的有关声音组织的信息，通过物质载体——乐器发声、录放机发声、人嗓或其他身体部位发声，以及人自身表演音乐的行为来表现；实践过程中，还产生了许多处理此类组织声音的技术方法——如音乐创作、表演技术理论、美学原则等。

而标准化的本质，也是人类社会产生的信息及其物质载体，以及人类处理这些信息的技术。如音乐艺术基本通识，音高、音长、音色的基本类别及其定义，本质都是一种信息，人类的语言、文字、符号，以及人类用语音、行为方式进行交流作为其物质载体，相互理解这些符号、文字、语音、行为所传递的信息的方法，作为其处理此类信息的技术。其底层逻辑与文化艺术相同。

二、标准化是一种文化艺术活动

标准化作为一种人类实践活动，本身就是文化艺术的组成部分，也是对文化艺术的一种表征。

（一）标准化是人类社会应用生产技术的文化活动

从技术的性质来看，标准化就是一种文化艺术活动。前文提到，标准是一种规定性文件；标准化是规范事务的行动过程，也是一门学科和技术。而从技术与文化艺术的关系来看，技术本质上是一种文化活动，也是初级阶段的艺术。文化是包含所有技术在内的人类社会的创造活动及其成果。技术是一种“精神活动”[①]，是一种文化现象或“一种文化过程”[②]。技术的第一个标准就是它的文化特征[③]，它是文化的一种手段，甚至是“文化中活生生的一部分”[④]。

（二）标准化是人类社会建立意义系统的文化活动

标准化实践为人类社会建立起一系列规范，成为该群体的精神文明成果，为该群体创造文化价值，建立“意义”系统，同时也为该群体塑造精神风貌和

---

① 相川春喜：《现代技术论》，三笠书房，1940年版。转引自裘涵、陈侃《文化研究：技术标准化研究的新视角》，《浙江社会科学》，2011年第4期，第21页。

② F·拉普：《技术哲学导论》，辽宁科技出版社，1985年版，转引自裘涵、陈侃《文化研究：技术标准化研究的新视角》，《浙江社会科学》，2011年第4期，第21页。

③ 让－伊夫戈菲：《技术哲学》，商务印书馆，2000年版，转引自裘涵、陈侃《文化研究：技术标准化研究的新视角》，《浙江社会科学》，2011年第4期，第22页。

④ 郑晓松：《技术与合理化》，复旦大学，2005年学术论文。转引自裘涵、陈侃《文化研究：技术标准化研究的新视角》，《浙江社会科学》，2011年，第22页。

文化气质。标准化创造了“公平公正”与“权威”。标准化的统一、规范、客观、合理的特点，使其在某种意义上成为大众心中公平公正的象征，满足了社会大众的基本诉求，为社会秩序带来“合理性”和“权威性”。

（三）标准化是人类社会主张权力的介入性文化活动

从传播学的角度来说，标准的施行是地方性的知识扩展的一种现象，是一种地方性知识走向另一种地方性知识的过程。标准的传播过程是技术对象和实践转移到新的情景中的过程。在这个实践过程中，原有权力得到巩固，并被拓展到新的文化环境中去，与新的利益体结盟。标准化活动是一种策略性“介入”的文化活动。

第二节　文化艺术对标准化的影响

作为人类社会行为本身，标准化自然受到文化艺术环境的影响。这种影响深入到标准化的各个层面。从一定意义上来说，文化艺术既为标准化赋予社会意义，创造应用环境；又为其提供制度保障，创造生态环境。

一、赋予社会意义，创造应用环境

标准化是一种社会实践，与特定文化情景紧密相关，不是“放之四海而皆准”的纯碎的科学理论。因此，在不同的文化环境中，标准化技术会被赋予不同的社会意义，从而受到相应的影响。

以著名的标准化实践——无线射频识别技术（RFID）标准为例。

RFID 技术是世界热门信息技术之一。它可以高速识别物品，已经广泛地应用到了军事国防、零售、交通物流、包装印刷、资产管理等各个领域。这项技术有国际标准问世。而这项国际标准的制定者，名叫 EPC Global，是一个专业的标准化组织。EPC Global 曾通过 ISO（国际标准化组织）对其施加一定影响，借助 I 其强大的推广能力，使自己制定的标准成为国际标准，从而在世界范围内被广泛采用[①]。

① 李上、王青山：《浅析标准化与文化的互动发展关系》，《航空标准化与质量》，2013 年第 1 期，第 17–19 页。

然而，在不同国家和地区的文化背景下，这项国际标准在社会活动中被赋予了不同的社会意义，体现出不同的技术诉求和特定的价值取向。

比如，在欧美社会中，RFID 被认为是可以构建一个“无处不在计算”（Ubiquitous Computing）社会的一种技术。“Ubiquitous”的词源来自于拉丁语，本意就是“神无处不在”。有些企业看到着这项技术在信息透明化和可追踪方面带来的便捷性，首先推动 RFID 的商业化运动，例如零售巨头沃尔玛。创造 RFID 技术的最初动机是监视商品防止其丢失，因此非常注重标准在物流供应链领域的应用。但正因为这种便利性，在消费者这端，这项技术标准遭到了不少抵触，因为“无处不在计算”对消费者隐私构成潜在的威胁。因此，一些组织成立，掀起了抵制RFID的运动，如“消费者反超市侵犯隐私联盟”（CASPIAN）等。究其根本原因，是因为欧美的“原罪文化”为RFID技术标准赋予了“监视”的意义。

而在日本，RFID 技术标准就没有遇到上述问题。日本的神社信仰的基础是“万物有灵”论，受本国神道教“八百万神”说的影响，日本社会并不畏惧神。在这种文化环境中，人们将“无处不在计算”的 RFID 技术想象为：一个由“无处不在的神”编织的可以随时随地帮助人们的天衣无缝的通讯网络。因此，使用 RFID 技术，日本更希望通过它的帮助，实现全面覆盖的通讯，从而提高服务质量。

不同的文化背景和目的取向，使得欧美与日本在制定和应用 RFID 技术标准时，存在一定区别。与欧美相比，日本制定的标准更加注重对国内外各种编码体系的兼容性，强调获取、分析信息要更加便捷、更加有效，因为它的视野为全社会，以此为出发点进行设计，和欧美不同。因此，同样是 RFID 技术标准，欧美制定和日本制定在技术要求上就有了区分。一是规定了不同的编码标准；二是在重要功能上存在差别，例如根据 IC 标签的代码来检索商品的详细信息。

客观来看，在标准化事业发展道路上，我国社会仍存在着一些特殊文化环境和意识形态会对标准化工作产生一定的消极影响，形成一些障碍。例如，“差不多就行”的文化陋习、“中庸之道”的处事哲学，让一些个人和群体缺乏标准化意识和认真态度，对工作不严格按照标准要求执行，导致许多问题发生。

二、提供制度保障，创造生态环境

特定的文化环境会为标准化管理和运行机制提供特定的制度保障，创造了特定的生态。

从制度层面来说，当标准化事业处于不同的制度文化环境时，其管理体制和运行机制会有所不同；标准化事业的管理体制和运行机制会随着标准化事业所处的制度文化改变而改变，并与之适应。例如，在欧美社会的政治制度和经济体制下，标准化管理更多地体现为“行业自治”，具体的操作手段是，在标准化活动中，企业扮演发起者和推动者的角色，协会扮演组织载体的角色，市场竞争则是这种活动的动力源泉。我国 1978 年以前的一段历史时期，在社会主义计划经济体制下，我国标准化管理和运行的主导逻辑和动力机制是计划指令。1978 年，我国进入改革开放新的历史发展时期之后，随着我国社会主义市场经济体制的确立和不断发展完善，我国标准化管理体制随之实现了转变，管理和运行的主导逻辑逐渐摆脱计划指令，走向市场[①]。

从生态角度来说，标准化作为一个特殊的科学技术活动，有一个复杂的生态环境，并在这个环境中开展。这是一个基本背景，技术标准在这个背景下不断演化，走完它的生命周期。标准的建构由诸多要素共同完成，不仅有技术，而且还需要包括社会、经济、文化和政治等。标准化的过程也是非常复杂、不断演化的。有许多案例表明，看似特别“科学”的标准方案，在特定的社会文化环境中并不能实际落地、有效应用。客观上讲，目前我国仍然存在一些不利于标准化事业发展的文化生态，例如不讲“法制”，而以“人治”代替“法制”；不讲“规矩”，只讲“变通”。这些文化陋习让人情、权力凌驾于法制，“变通”“灵活”在很多地方成了主流，不讲标准，不讲规范。标准是经济和社会活动中重要的规则，标准化制度是法律制度重要的组成部分，依法治国，就包含了以标准治国的思想。当以人情和权力代替法律、代替标准时，社会秩序就会受到破坏，经济秩序就会混乱，就会出现劣币驱逐良币的现象。

① 李上、王青山：《浅析标准化与文化的互动发展关系》，《航空标准化与质量》，2013 年第 1 期，第 17–19 页。

第三节 标准化对文化艺术的影响

标准化作为一种技术，影响人类的思想和行为，在资源、制度等层面对文化艺术带来深刻的影响。标准化活动对自然和社会的塑造作用，随着时代的发展而日趋变大；人们的思想观念也受到标准化活动越来越大的影响。这其实又推动了文化艺术的发展和变革。

一、标准化促进文化艺术资源的创造

从社会生产发展的角度来说，作为物质和精神财富的一种类型，文化艺术的创造会受到标准化技术的影响，通过质量和效率的提高，进入高质量发展的轨道。

（一）标准化是文化艺术设施设备质量的重要保障

标准化是保证文化艺术设施器材质量的需要。一是性能良好，二是使用安全。例如演艺设施设备，包括音箱、灯光、舞台等，如果缺乏标准化的管理，就有可能会出现因不兼容而引起的设备间接和调试中的混乱，有的甚至在安全方面也会存在很大隐患。我国多次发生因为舞台不符合标准导致塌陷、着火等事故的事情。还有一些乐器，因为制作时需要使用濒危动物身体组织为原料（如二胡用蟒皮），而遭受一些动物保护者群体的抵制和指责，但乐器生产者在实践中实际上并没有得到有效的监督指导。这些问题都是因为没有明确的标准规范约束所导致的。

（二）标准化是文化艺术资源管理水平的重要保障

个别文化艺术资源的保护、管理等工作，由于缺乏必要的标准而陷于混乱失控的泥潭。例如，一些珍贵的录音录像由于年久失修而出现消磁、粘连等现象，载有重要信息的文本、图片资料也因长期未得到有效管理而毁损严重。在对特殊文化艺术资料进行数字化处理时，因为没有统一的技术规格，各地区工作者容易形成各自为政、互不沟通的局面，导致数字化后的录音、录像资料格式不一，对资源有效共享、信息互通形成极大障碍。甚至还有一些实施主体在对文艺资源进行数字化保存处理时，因陋就简、操作失当，造成珍稀资料被毁或受损。在非物质文化遗产保护工作领域，因为缺乏标准与规范，个地方普遍

存在不能合理平衡保护与利用的关系，往往出现开发过度与传承不足的问题。

（三）标准化是文化艺术产品、服务质量的重要保障

服务业发展水平是衡量一个国家发展水平的重要标志。在具体的文化艺术服务中，有大量的行为需要规范，需要相应的服务标准。例如，为一个对象提供文化艺术服务，需要哪些服务？提供到什么程度？哪些是收费的？哪些是免费的？哪些是适当收费的？都需要标准。“标准化是促进文化艺术与现代科技紧密结合、提高文化产品和服务质量、获取最佳经济效益的重要技术保障。”①

二、标准化影响文化艺术行业的制度

标准化对社会文化艺术行业的法律法令、政策法规和规章条例会产生深远的影响。文化艺术产业的技术含量相对其他生产领域较高，附加值也相应较高。对其进行标准化建设，能够规范市场，健全审查和监督制度，保障入市企业拥有合适的资质；能够规范对文化产品、文化服务质量和等级的鉴定和认证，保障进入市场的产品与服务合格合规，从而维护文化艺术市场的秩序，促使良好的文化产业市场环境得以形成。也可以说，标准化是推动文化艺术行业法制建设的重要手段，是政府履行行业管理职能的重要抓手。

（一）标准化是认证文化企业资质的重要手段

在现代化市场运营规范中，市场管理者需要对所有市场主体的资质进行认证，包括属于文化艺术性质的企业。而对这些文化企业资质的认证，就需要特殊的、适用于文化企业的标准。如果没有明确的认证文化企业资质的标准，就也很容易发生准入门槛过低、“劣币驱逐良币”的现象发生。甚至还有一些不符合要求的文化企业为了享受政策优惠和补贴而选择“钻空子”和“打擦边球”。同样，标准化还被广泛需求于对文化产业集聚区以及文化产业园区的认定实践中，而文化产业项目的测评也需要明确的标准，标准的不统一使得目前很多集聚区或园区以及文化产业项目在申报中存在各种问题，发展方向也不够清晰。

（二）标准化是规范文化艺术市场的重要方法

文化艺术产品进入市场，就成为了一种商品。作为商品流通，就要遵循市

---

① 阎平：《文化产业标准化问题研究》，《湖北大学学报（哲学社会科学版）》，2010年6月。

场流通的规则，否则就会陷入困境。[①] 文化艺术市场如果缺乏相应的技术规范，就有可能扰乱正常地市场秩序。例如，因为没有文化产品制作的标准与文化产品市场标识，市场上就会出现假冒伪劣产品挤压高质量文化艺术产品，“劣币驱赶良币”现象就会发生。文化艺术行业的有序竞争与发展、交流与壮大，离不开行业标准的制定与指导。有了标准，就有了一个门槛、一个游戏规则，可以提升艺术品的质量，规范混乱的价格体系。[②]

（三）标准化是界定文化艺术权利的重要工具

在文化艺术行业，存在诸多权益归属问题。例如，“一些投机商人利用非遗名义进行商业开发并从中获利，而真正的文化持有者难以在非遗开发利用中分享适当惠益，从而造成知识产权矛盾与纷争。解决这些矛盾和冲突的关键，就在于加强非遗保护工作的制度化和规范性，制订统一的纲领与适合操作的标准。”[③]

综合来看，文化艺术与标准化之间存在着互动辩证关系且有丰富的内涵：

文化艺术对标准化的发展产生影响，标准化也同时影响着文化艺术，两者之间相互作用、相互促进。文化艺术为标准化提供必要的存在与发展的环境；而标准化又是文化艺术活动——如文艺价值的评判基础。在发展道路上，标准化不断向文化艺术提出新要求；而文化艺术发展反过来又支撑了标准化的新发展。同时，文化艺术和标准化之间还应该形成良性发展的协同发展关系。二者的发展步伐应保持较为协调的状态，一方的发展应及时带动另一方的发展。

三、警惕标准化的“霸权主义”[④]

现代社会中，标准化越来越受到重视，它在实践中被证明的合理性使其得到越来越多的认可。人们自然地给它贴上了“进步”“科学”的标签，甚至成为一种信仰，代表了“普世性”与“客观性”。但是，技术标准在给人类社会带来“客观”“公平”“科学”“高效”“普遍”的同时，也有一些不合理的地方，或许表现为对个体特殊性缺乏尊重的“霸权主义”；这种不合理之处不能因为它提供

---

① 阎平：《文化产业标准化问题研究》，《湖北大学学报（哲学社会科学版）》，2010年6月。

② 同上。

③ 王肖冰、胡玉福：《论非物质文化遗产保护工作的规范化与标准体系的建立》，《文化遗产》，2017年5月。

④ 裘涵、陈侃：《文化研究：技术标准化研究的新视角》，《浙江社会科学》，2011年4月，第19—24页。

的美好而被忽视。

有许多研究者已经指明了标准化的这一缺陷。例如，日本学者三木光范教授就对现代度量标准米制体系进行了抨击。他认为，米制体系并不符合日本人日常生活的真正需要。当下许多全球化的技术标准不符合人性化、自然性的要求。①这种以科学、客观和普遍自居的技术标准应该受到批判。

"文化工业"②批判理论也对标准化提出了批评。该理论的代表人物阿多诺认为，进入现代社会，文化成为一种工业化生产，而这种文化工业的结果实际上是反启蒙的。占有统治地位的精英阶层制造出他们所需要的文化，再进行欺骗性的包装，形成文化产品。通过类似于工业生产一样的批量化生产，这种产品被源源不断地制造出来。借助大众传播媒介，他们将这些文化产品介绍给社会大众，并使之进入流通领域，就让文化产品成为一种商品。通过不断地兜售这些标准化生产出地文化商品，大众的头脑就被麻痹，整个社会地意识形态就得到了控制。因此，"作为进步的、对自然的技术统治的启蒙变成了一种大众欺骗。"③

在标准化的文化工业生产模式下，大众文化产品必然会出现同质化的现象，艺术创作的个性与创造性被压制，甚至艺术欣赏的自主性与想象力也正在被扼杀。在标准化的文化艺术生产中，"普遍性和特殊性已经假惺惺地统一起来了。"④文化工业"把分离了数千年，各自为政、互不干扰的高雅艺术与低俗艺术强行拼合在一块，结果是两者俱损。"⑤

现代化社会中人们所享用的流行音乐、电影、小说等文化商品，大多是以流水线生产、大批量复制的方式生产的。在这个背景下，艺术消费品更多地体现出商品性地特征而非艺术性，它本应特有的艺术价值也因此大打折扣。在利益的驱动下，一旦某个文化商品的市场实践较为成功，很快就会成为被模仿对象，大量复制品会在短时间出现。

消除了审美感性经验的特殊性，艺术本该有的独特性、丰富性最终归于大众文化标准化的同一性。标准化、批量化的生产使本应具有特性的艺术被大众

---

① 三木光范：《「人间中心」に潜む落とし穴》，《产经新闻》，2008年6月19日。

② 实指"文化产业"。

③ 西奥多·W·阿多诺：《文化工业述要》，赵勇译，《贵州社会科学》，2011年6月。

④ Horkheimer M，Adorno T W，Noeri G. *Dialectic of enlightenment*（Stanford University Press，2002），P.95，124.

⑤ 同③。

的、普遍的文化样式所取代，共性增多，个性减少，高低难判，雅俗难分，“雅俗共赏”成为主流。“当高雅艺术与低俗艺术被强行婚配到一起之后，不仅使新产品变成了一种文化怪胎，而且还出现了一种‘全面抹平’的效果。”①

以阿多诺为代表的批判家认为，文化工业标准化不仅对文化产品造成了影响，实际上连大众的消费行为也给重塑了。“不只是文化工业的标准化生产方式使得产品的个性成为一种错觉。个体也只有与普遍性达成完全契合，才能被毋庸置疑地接纳。”② 面对标准化的文化商品，大众只能选择被动接受。在平庸无聊的娱乐消费活动不断重复中，大众逐渐失去了思考能力，变得麻木，很大程度上已经丧失了应有的反抗意识，最终被异化。

文化工业理论对现代社会大众文化现象的批判十分犀利，具有深刻的启发意义。它想要打破工业社会“标准化”的“理性”神话，揭示了现代社会大众文化容易同质化、单一化的一些问题。但实际上，这种批判理论也有些过于严苛和不全面，它没有看到大众文化也有的积极一面。

四、标准化并不代表“同质化”

实际上，标准化与文化艺术并不完全矛盾。用标准化手段进行文化艺术生产，并不是直接造成艺术缺乏创造性、文化产品缺乏差异性的罪魁祸首。标准化生产与文化艺术“同质化”不是直接必然关系。

“标准化本身并不必然引起非个性化，它可能是艺术的古典‘规则’（如规定戏剧创作的形式和主题的三一律）在产业化艺术中的对等物”，“劳动分工和标准化本身都不是实现作品个性化的障碍。”③

事实上，即便没有工业化生产，文化艺术的创作也已经存在标准化的思维，包括一定的技术规则或者审美标准。而这些形式上的标准并不能阻挡艺术家在内容上的创新与超越。例如，在即使在古典主义戏剧创作中，要遵循的苛刻的“三一律”创作规范下，依然有许多优秀的戏剧作品诞生，并被时代证明为经典。“在标准化的生产大网之中，仍有无数的缝隙容许创作者的创意。文化工业或许

① 赵勇：《法兰克福学派：知识分子与大众文化》，北京大学出版社，2016，第92页。

② Horkheimer M，Adorno T W，Noeri G. *Dialectic of enlightenment*（Stanford University Press，2002）P.95，124，108.

③ 埃德加·莫兰：《时代精神》陈一壮译，北京大学出版社，2011，第26页。

试图完全照着公式进行，但历史上这个公式却从未固定下来。”①

以唱片制作工业为例。即使所有的唱片都是按照某种特定的标准化的流程完成的——作词、作曲、编曲、录制、混音、合成等，但这并没有妨碍艺术家们在这个标准化的工业生产流程中进行艺术上的创造与发挥。而看似已经定型的标准化“套路”也会有动态的变化，没有任何一种标准化的唱片生产流程可以一成不变维持很长时间。

社会发展至今，虽然文化产业的“标准化”越来越盛，但“艺术创新”其实并没有被打倒，文化艺术的生命力依然非常旺盛。“标准与创新之间的力量对比决定了文化产品的艺术和价值，它们之间的矛盾是文化产业的活力所在。”②

从积极的角度来看，恰恰是标准化流程给艺术创造提供了更规范、高效的生产机制，工业化及机械复制技术使生产文化艺术产品的劳动成本大大降低，让更多的艺术产品可以提供给大众，从而拉近了大众与文化艺术产品之间的距离。艺术品欣赏不在只属于少数人垄断的“高高在上”的“稀缺”的领域，而是真正走进了民主、大众的生活。这是具有积极意义的变革，是一种文化艺术逐步平民化的历史进程，具有推动社会进步的重要意义。

从历史维度看，大众文化的出现是历史的必然，它是社会的现代化进程带来的产物，而绝非只是某个精英阶层人为干预的结果。在文化艺术产品商品化的大趋势下，大众的文化艺术需求日益增长，文化艺术市场越来越繁荣，这就迫切需要文化艺术产业形成规模化、高效能运作，才能顺应社会发展的需要。

实际上，从传统工业化进入后工业社会，整个工业形态一直在不断更新换代。从原来的传统流水线型生产方式，到现在的个性化定制生产方式，工业生产没有停下发展的脚步。文化艺术的工业化形态也随之一变再变。

① 阿梅龙、狄安涅：《法兰克福学派在中国》，刘森林主编，社会科学文献出版社，2011，第230页。

② 单世联：《论文化产业的“标准化”问题——以法国思想家莫兰为中心的讨论》，《广东社会科学》，2016年4月。

第三章　国外文化艺术资源标准化现状

文化艺术资源标准化技术是一个内容复杂、类目繁多的操作体系。国内外许多管理部门、组织机构、社会团体都在该领域有一定的理论研究和建设实践。由于世界各国和地区之间存在着一定的文化差异，管理机制也有所不同，标准的制定需要因地制宜，因此在形式和内容上出现了多种样态。下面将从现行文化艺术资源标准以及标准化技术研究情况，探索美、英、德、法、日等主要国家在该领域的实践经验。

第一节　国外有关文化艺术资源标准化技术概况

经过查询检索发现，在海外许多国家和地区“大文化”概念和政府行政管理模式影响下，“文化艺术资源”的标准化工作广泛地涉及到文博、广电、出版、旅游、工艺等领域。例如，美国国家标准学会/美国消防协会有《文化资源特性的保护规范．博物馆、图书馆和宗教建筑》（ANSI/NFPA 909–2010）《包括博物馆、图书馆、教堂和历史文物在内的文化资源的保护标准》（ANSI/NFPA 909–2005）等标准，将博物馆、图书馆、宗教建筑等均纳入“文化资源”之列。

一、标准制修订情况

仅就音乐、舞蹈、戏剧、美术、民间文学、民俗等本文所特指的具体的“文化艺术资源”标准化技术而言，据不完全统计，现行关涉到此类艺术资源的标准至少有66种，108项（如表1所示）；涉及到的国家主要有美国、德国、法国、日本等国，标准化组织有14个，其中包括ISO国际标准化组织、IEC国际电工委员会、INCITS国际信息技术标准委员会、PAS（国际电工委员会）公共可用规范、CWA美国电讯工人工会、ANSI美国国家标准协会标准、IEEE美国电气与电子工程师协会标准、SAE美国汽车协会标准、UL美国保险商实验室、

IESNA 北美照明学会、EN 欧洲标准、BS 英国标准协会标准、DIN 德国标准、NF法国标准以及JIS 日本工业标准。

表1　国外文化艺术资源标准一览表

序号	标准编号	标准名称	标准类别
1	DIN EN ISO 3382－1－2009	声学.房间声学参数的测量.第1部分：表演场所（标准3382－1：2009），DIN EN ISO 3382－1：2009－10的英文版本	表演艺术资源
2	ANSI Z356.1－1994	工艺和美术材料.蜡笔	美术（含书法、绘画、雕塑等）资源
3	ANSI Z356.2－1992	工艺和美术材料.粉笔	美术（含书法、绘画、雕塑等）资源
4	ANSI Z356.3－1991	工艺和美术材料.粘合剂	美术（含书法、绘画、雕塑等）资源
5	ANSI Z356.4－1991	工艺和美术材料.模型材料	美术（含书法、绘画、雕塑等）资源
6	ANSI Z356.5－1998	工艺美术材料.涂料和油墨	美术（含书法、绘画、雕塑等）资源
7	ANSI/IESNA RP－30－1996	美术馆和工艺陈列馆照明的推荐规程	美术（含书法、绘画、雕塑等）资源
8	ASTM D4302－2005（2010）	绘画用颜料，树脂油和醇酸涂料的标准规范	美术（含书法、绘画、雕塑等）资源
9	ASTM D4303－2006	绘画涂料中使用的颜料耐光性的标准试验方法	美术（含书法、绘画、雕塑等）资源
10	ASTM D5067－2005（2010）	美术水彩涂料的标准规范	美术（含书法、绘画、雕塑等）资源
11	ASTM D5383－2002（2010）	工艺美术工作者用工美材料耐光性的目视识别标准方法	美术（含书法、绘画、雕塑等）资源
12	ASTM D6043－2001（2006）	永久性和耐久性美术纸选择的标准指南	美术（含书法、绘画、雕塑等）资源
13	ASTM D6901－2006	美术彩色铅笔的标准规范	美术（含书法、绘画、雕塑等）资源
14	BS 2808－1969	地方当局用的美术水彩画笔的规范	美术（含书法、绘画、雕塑等）资源
15	BS 5128－1974	形象艺术用薄膜尺寸规范	美术（含书法、绘画、雕塑等）资源
16	DIN 16526－1994	绘画工艺用印刷油墨.标签上凸版印刷和平面印刷用油墨性能标记	美术（含书法、绘画、雕塑等）资源
17	ISO 13655－2009	印刷技术.平面艺术图像的光谱测量和色度计算	美术（含书法、绘画、雕塑等）资源
18	JIS Z 8123－1995	图形艺术.术语汇编.基本术语	美术（含书法、绘画、雕塑等）资源
19	JIS Z 8124－2000	图形艺术.术语.交易协议	美术（含书法、绘画、雕塑等）资源

序号	标准编号	标准名称	标准类别
20	BS 1000［8］–1993	国际十进分类法.英文全版.语言.语言学.文学	民间文学资源
21	ANSI/IEEE 1599–2008	使用可扩展标记语言（XML）的公共认可音乐设备定义用推荐实施规程	音乐资源
22	ANSI/INCITS/ISO/IEC 14496–11AMD 5–2009	信息技术.视听对象的编码.第11部分：场景描述和应用引擎.修改件5：支持符号音乐表示法	音乐资源
23	ANSI/INCITS/ISO/IEC 14496–23–2009	信息技术.视听对象的编码.第23部分：符号音乐表示法	音乐资源
24	ANSI/INCITS/ISO/IEC 14496–4AMD 29–2009	信息技术.视听对象的编码.第4部分：MPEG–4用一致性试验.修改件29：符号音乐表达一致性	音乐资源
25	ANSI/INCITS/ISO/IEC 14496–5AMD 16–2009	信息技术.视听对象编码.第5部分：参考软件.修改件16：符号音乐表示法参考软件	音乐资源
26	ANSI/INCITS/ISO/IEC 23000–2–2009	信息技术.多媒体应用格式（MPEG–A）.第2部分：MPEG音乐播放器应用程序格式	音乐资源
27	ANSI/INCITS/ISO/IEC 23000–4AMD 1–2011	信息技术.多媒体应用格式（MPEG–A）.第4部分：音乐放映幻灯片的应用格式；修改件1：音乐放映幻灯片的应用格式的一致性和参考软件	音乐资源
28	ANSI/SAE J178–1994	音乐用钢弹簧丝和弹簧	音乐资源
29	ANSI/UL 469–1994	乐器及附件	音乐资源
30	ASTM A228/A 228M–2007	乐器用优质弹簧钢丝的标准规范	音乐资源
31	BS EN IEC61883–6–2006	用户音频/视频设备.数字接口.音频和音乐数据传输	音乐资源
32	BS ISO 15707–2001	信息和文献工作.国际标准音乐作品代码（ISWC）	音乐资源
33	DIN EN 61883–6–2006	家用音频/视频设备.数字接口.第6部分：音频和音乐数据传输协议.德文版本EN 61883–6–2005	音乐资源
34	DIN ISO 10957–1994	信息和文件管理.国际标准音乐韵律（ISMN）；等同采用 ISO 10957：1993	音乐资源
35	ISO/IEC 14496–11 AMD 5–2007	信息技术.音视对象的编码.第11部分：场景描述和应用引擎.修改件5：支持符号音乐表示法	音乐资源
36	ISO/IEC 23000–12–2010	信息技术.多媒体应用格式（MPEG–A）.第12部分：互动音乐应用格式	音乐资源
37	ISO/IEC 23000–4–2009	信息技术.多媒体应用格式（MPEG–A）.第4部分：音乐幻灯片应用格式	音乐资源
38	ISO/TR 21449–2004	内容交付和版权管理：音乐、电影、电视、录音和出版工业中使用的标识符和描述符的功能要求	音乐资源

序号	标准编号	标准名称	标准类别
39	JIS C6065-1998	音频、视频和类似的电子装置.安全要求	音乐资源
40	JIS S8601-1981	唱片录音机	音乐资源
41	JIS X 6054-1-1999	乐器数字界面（MIDI）.第1部分：总览	音乐资源
42	JIS X 6054-2-1999	乐器数字界面（MIDI）.第2部分：协议规范	音乐资源
43	JIS Z8109-1986	声学术语汇编（听觉、语言声学、音乐）	音乐资源
44	NF C97-250-6-2006	消费者音频/视频设备.数字接口.第6部分：声音和音乐数据传输	音乐资源
45	NF S30-107-1972	声学词汇.音乐声学	音乐资源
46	NF Z41-103-1994	信息和文献.国际标准音乐编号（ISMN）	音乐资源
47	NF Z44-079-1993	文献.编目－音乐作品名称题词的格式与结构	音乐资源
48	UL 6500-1999	家用、商用和类似的一般用途音频/视频和乐器装置	音乐资源
49	BS 1000［73/76］-1977	国际十进分类法.英文版全表.各种艺术品和工艺品	文化艺术综合资源
50	BS CWA 14051-2-2001	信息技术.欧洲通用局域化语言.叙事文化规范、POSIX局域化语言、和指令表	文化艺术综合资源
51	BS EN 15886-2010	文化遗产保护.试验方法.表面色泽检验	文化艺术综合资源
52	BS ISO 21127-2006	信息和文献工作.文化遗产信息交流用本体论参考文献	文化艺术综合资源
53	BS ISO/IEC 15897-1999	信息技术.文化要素的注册程序	文化艺术综合资源
54	BS PAS 197-2009	文化收藏品管理实施规程	文化艺术综合资源
55	DIN BS CWA 14094-2001	欧洲文化的特定ICT要求	文化艺术综合资源
56	DIN BS EN 15758-2010	文化遗产保护.气温和物体表面温度测量用仪器和规程	文化艺术综合资源
57	DIN CWA 14051-2-2001	信息技术.欧洲一般场所.第2部分：叙述文化.POSIX场所和指令表	文化艺术综合资源
58	DIN EN 15757-2010	文化遗产保护.由气候限制诱发有机易潮湿材料机械损伤的温度和相对湿度的规范.德文版本EN 15757-2010	文化艺术综合资源
59	DIN EN 15801-2010	文化遗产保护.试验方法.毛细作用吸水率的测定.德文版本EN 15801-2009	文化艺术综合资源
60	DIN EN 15802-2010	文化遗产保护.试验方法.静态接触角的测定	文化艺术综合资源
61	DIN EN 15803-2010	文化遗产保护.试验方法.水蒸汽渗透性的测定（<（指数）p>）.德文版本EN 15803-2009	文化艺术综合资源
62	DIN V ENV 12005-1996	信息技术.文化单元的欧洲注册程序	文化艺术综合资源

序号	标准编号	标准名称	标准类别
63	EN ENV 12 005−1996	信息技术.文化元素欧洲登记程序	文化艺术综合资源
64	ISO/IEC TR 14652−2004	信息技术.文化习俗的规范方法	文化艺术综合资源
65	ISO/IEC TR 19764−2005	信息技术.信息技术产品的文化语言兼容性的指南、方法论和参考标准	文化艺术综合资源
66	ISO/IEC TR 24785−2009	信息技术.文化和语言适应性用户要求的分类法	文化艺术综合资源

从行业分布来看，涉及音乐类资源的标准数量较多，占全国文化艺术资源标准总数的 49%；其次是综合类资源标准，占标准总数的 1/3；民间文学类资源和表演艺术类资源标准最少，约占 3%；目前尚未查到相关舞蹈、戏剧、杂技等表演艺术以及民俗、节庆的文化资源的标准。（如图1，具体数量见表2）

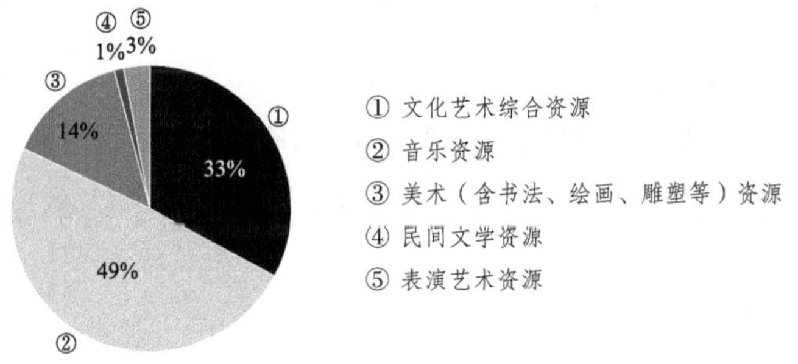

图1　标准数量

从标准的内容来看，涉及文化艺术资源的标准多数与艺术创作工具、艺术传播技术、艺术专业术语有关，如美术类资源标准与材料、工具相关，音乐类资源的标准大部分与乐器制作以及数字传播技术有关，等等。

从标准管理的归口部分来看，涉及文化艺术资源的标准多与电子信息技术、轻工业技术、文物旅游管理等行业相关系，甚至许多标准的管理归口并非文化管理部门，而是如上其他非文化部门。

从各国标准制定情况来看，美国在文化艺术资源标准的制定方面较为突出；此外，德国、英国和日本在文艺资源标准的制定方面也具有一定优势；整体来看，北美地区、欧洲地区仍是文化艺术资源标准建设的主要地区，目前尚未查找到其他国家和地区的相关标准。

表2　国外各位文化艺术资源标准统计表（截至2017年5月21日）

	文化艺术综合资源	音乐资源	美术（含书法、绘画、雕塑等）资源	民间文学资源	表演艺术资源	合计
国际标准ISO、EC、INCITS、PAS	10（5，4，0，1）	23（7，10，6，0）	2（2，0，0，0）	0	1（1，0，0，0）	36
美国标准CWA、ANSI、IEEE、SAE、UL、IESNA	3（3，0，0，0，0，0）	13（0，9，1，1，2，0）	7（0，6，0，0，0，1）	0	0	23
欧洲标准EN	7	2	0	0	1	10
德国标准DIN	8	2	1	0	1	12
英国标准BS	8	2	3	1	0	14
法国标准NF	0	4	0	0	0	4
日本标准JIS	0	7	2	0	0	9
总计	36	53	15	1	3	108

相对而言，国外有关文化艺术资源标准化技术的研究，起步较早、成果较多的主要集中在美国、荷兰、日本、意大利、法国、英国、欧盟等国家和组织。

二、标准化研究情况

在文艺资源元数据标准研究方面，美国有著名的MARC（Maehine Readable Cataloigng Fomrat），作为国际图书馆界普遍采用的机读目录格式，其处理对象和格式日渐复杂，从最初的书籍扩充到地图、录音带等，增补了“856 电子信息位置及提取方式”“516 计算机文档或数据类型注释”“538 系统细节附注”等字段，不断满足着数字环境中文献管理的新要求。除了类似的改进，还涌现出了一批业内广泛认可的格式、标准和研究成果，在不同的信息领域内为数字信息资源建设奠基。CADAL ①、Google book search、Europeana ②、Open Library ③、

① CADAL. CADAL 元数据规范草案 (Version 2.0)[R/OL]：http://www.cadal.cn/cnc/cn/jsgf/CADAL_metadata_2004.pdf，访问日期：2013年4月23日。

② Europeana. European Library Metadata [EB/OL]：http://www.theeuropeanlibrary.org/portal/organisation/handbook/display_en.html，访问日期：2013年4月23日。

③ Open Library. Open Library Metadata[EB/OL]：http://open library.org/about/in fogamidc，访问日期：2013年4月23日。

HaithTrust[①]、加州数字图书馆[②]、美国记忆是国外7 个大型文献数字化的项目。这些项目的研究成果直接推动了数字图书馆、数字档案馆、数字博物馆及其他数字资源项目的进展。

20 世纪 90 年代，日本开始了文化艺术资源数字化方面的尝试，在名为“国立公文书馆”的国家档案馆等机构的推动下，日本文化艺术资源的数字化、标准化建设也快速发展起来。当时，日本学界已经形成一种观念，他们视文化艺术资产为一种无形资产，并提议将这些无形资产进行数字化方式记录、保存，然后为大众共享利用。他们认为，这样可以防止文化艺术资源的湮没，既能对未来的历史研究起到推动作用，而且还能为未来的文化艺术创新提供素材基础[③]。在对文化艺术资源数字化的过程中，日本学者根据对象物的使用目的和转化形态的不同，如文化艺术资源的保存格式——图像、文本、声音、动画等——的不同，制定了许多兼具通用性和特殊性功能的技术标准。在“文化立国”国家战略推动下，日本文部省文化遗产保护委员会很早就开始了针对非物质文化遗产建档标准的建设。标准内容主要涉及如何对非物质文化遗产进行认定以及保护非物质文化遗产的具体措施。1951 年，日本颁布了《应采取助成措施的无形文化遗产的指定基准》；1954 年又颁布了《重要民俗资料指定基准》《应采取记录措施的无形民俗资料的指定基准》和《重要无形文化财指定以及保持者与保持团体的认定标准》等。

1997 年，荷兰在针对文化艺术资源保护方面设立了文化资源遗产研究院，简称 ICN（The Netherlands Institute of Cultural Heritage），下设在国家教育文化与科技部。ICN 下面的信息中心，由专业的团队组成，包括研究人员、保护人员、资源管理员和学生。此外，荷兰再各个地方还设有其他管理机构，如现代艺术保护的国际化网络系统，简称 INCCA（International Network for the Conservation of Contemporary Art）。ICN 与这些资源管理机构相互联系，资源共享，拥有完善完整的网络系统。ICN 设立的主要目的是不断发展和共享文化资

① Hathitrust. Hathitrust Metadata[EB/OL]：http://www.hathitrust.org/hathifiles_description，访问日期：2013 年 4 月 23 日。

② CDL. Guidelines for Digital Objects[EB/OL]：http://www.cdlib.org/services/dsc/contribute/docs/GDO.pdf，访问日期：2013 年 4 月 23 日。

③ 穆霁月：《日本档案数字化建设对我国的启示》，山东大学硕士学位论文，2014 年 7 月，第 26—28 页。

源，支持文化资源的存储与管理技术，提高其利用率，增加文化资源的可鉴赏性。ICN 专家团队对这些资源进行研究分类、保存以及储存技术来尽可能的存储所有信息。在开展信息资源管理保护工作的同时，ICN 专家团队研制了一系列有关文化艺术资源数字化技术的标准，用于自身资源数据库和国际化网络系统的建设。①

同一时期，加拿大也在非物质文化遗产档案建设标准指定上有所作为。国家层面，加拿大出台的标准以《非遗建档过程中信息采集的问卷格式》为代表。该标准拟定了非遗信息采集的主要格式，包括采集方式、采集对象、采集步骤、知识产权的保护、建档形式等方面。②地方层面，纽芬兰省的纽芬兰和拉布拉多遗产基金会制订了《非遗田野调查指导性表格》，作为一种指导性标准文件，对非物质文化遗产的调查、访谈、采录、数据整理、分析与展示等工作做了规范；纽芬兰和拉布拉多纪念大学颁布了《非遗建档数字化执行指南》，提供了一套非物质文化遗产数字档案内容描述方案。③

除美国、荷兰、日本和加拿大以外，国外还有许多国家和地区建立了标准化工作组织，开展了一些有关文艺资源标准化技术研究的工作。如欧盟的欧洲文化资料存取委员会、意大利的数字图书馆与文化旅游网（The Italian Digital Library Portal and Cultural Tourist Network）、法国的加利卡（Gallica）文化数字化工程、英国的泰特在线网（Tate.org.uk）等，都在文化艺术资源标准化技术领域开展了一系列研究工作，形成了一系列研究成果。

另外，国际组织在文化艺术资源尤其是非物质文化遗产保护标准化建设方面也起到很重要的作用。有关非物质文化遗产的术语规范、建档实施和价值评估等领域的多项标准已经出台。例如，联合国教科文组织通过了《保护世界文化和自然遗产公约》（1972）、《实施世界遗产公约的操作指南》（1977）、《保护

① Homma，Heleen. “Research is the basis of knowledge: four art knowledge centers in the Netherlands−Part of a special issue Art libraries and art librarianship in the Netherlands”，*Art Libraries Journal*，34(4):29−35。

② Case Study: Memorial University's Digital Archive Initiative − Digitizing Intangible Cultural Heritage: A How−To Guide Find Resources ↑Canadian Heritage Information Network [EB/OL]: http://www.rcipchin.gc.ca/carrefour−dusavoir−knowledge−exchange/patrimoine_immateriel−intangible_heritage−eng.jsp?page =etudecascase_study，访问日期，2016年5月13日。

③ Intangible Cultural Heritage↑Training[EB/OL]：http://www.mun.ca/ich/documenting/training.php，访问日期，2016年5月13日。

非遗公约》(2003)、《非遗术语表》(2002)及“人类口传与非遗代表作名录”遴选标准等，对非物质文化遗产的术语进行了明确与统一，以条目形式阐释了非遗的主要文化表现形式、非遗保护的重要性，构建起国际非物质文化遗产档案建设管理的基本执行准则，以此解决非物质文化遗产建档过程中实际存在或潜在的问题，形成最佳的非物质文化遗产建档秩序，获得最佳的非物质文化遗产建档实践。①

不同的国家由于政体和国体的不同，以及受政治、经济、历史等因素的影响，标准化活动亦有很大不同。英美作为西方发达国家，其“**国家标准化机构，大多是民间组织，由政府认可并授权其承担国家标准化工作，其标准也都是自愿性的**”②；在标准制定过程中，都遵循协商一致的原则，广泛征求社会公众的意见。英美文化遗产保护标准化遵循其国家标准化活动的有关规律和要求，制定了一系列标准文件，内容涉及文物预防性保护、博物馆管理、历史建筑维修以及文物安全等方面，均为推荐性标准，形式包含基础标准、技术标准以及管理标准等。这些标准已经被政府机构或立法机构所采用，或成为业界专业机构用以自律并接受社会监督的重要依据。

第二节 国外文化艺术资源标准化代表性案例

自20世纪90年代以来，国外文化艺术资源标准化发展日益活跃，标准案例也日益增多，其中又以美国相关标准案例较有代表性。相比而言，美国是世界上较早开始标准化工作的国家之一。它的标准化工作建设基础和标准实践都具比较具有代表性。

一、标准化工作建设基础

标准化工作在美国的重要特点是自愿性和分散性。长期以来，标准化工作在美国是以市场为导向，形成了相互竞争、独立而分散的多元化管理体制。这主要是因为美国实行了自由竞争的市场经济体制。

① Mutual Cultural Heritage↑National Archives of the Netherlands [EB/OL]. [2016-05-06]. http://en.nationaal archief.nl/international-cooperation/mutual-cultural-heritage-0.

② 李春田主编:《标准化概论》，中国人民大学出版社，2014，第189页。

美国标准的制修订工作是业界内成员、组织自愿参加的，标准的采用也是自愿的。在标准制定中，美国各类学（协）会发挥着非常重要的作用。现在的美国标准化机构包括三大部分：一是作为美国国家标准体系协调中心的美国国家标准学会（ANSI）；二是联邦政府的标准化机构；三是民间团体，也即非政府机构。①

同时，美国国家标准协会不仅在国际上推广使用美国标准，在国际和地区标准制定机构里倡导美国政策和技术立场，同时，也“鼓励在符合国内用户需求的地区将国际标准作为国家标准使用”②，积极采用国际标准、欧洲标准以及英国、德国等国家的标准。

自 1918 年成立以来，美国国家标准学会“始终以提高美国企业和美国生活质量的全球竞争力为主要目标，坚持不懈地推进自愿性协商标准和一致性评价体系及其之间的完美结合”③。这个协会的总部位于华盛顿特区，办公室在纽约市，会员有近 1000 家公司、单位、政府部门、研究所和国际机构。它是由联邦政府授权的国家标准认可机构。ANSI 的主要职责是“认可美国标准制定组织和美国技术顾问小组；批准美国国家标准；保护公众参与标准化活动；保证美国自愿协调一致标准体系的完整性；提供区域和国际通道；提供中立的政策论坛；提供标准、合格评定及相关活动的信息资源和培训。”④

联邦政府机构中的标准化有关机构，是本领域标准以及各自领域内政府采购标准的制定者。“美国政府在美国标准体系中不处于主导地位，但其作用至关重要。美国政府在制定国家技术法规体系时，一方面，在必须集中国家力量的重大领域制定强制性标准（法规），另一方面，在立法中采用自愿性标准，使之具有强制执行力。在实施政府采购时，美国政府则利用合同引用来确立其采购标准的地位。美国标准技术研究院（NIST）作为美国政府中唯一的标准化官方机构，集中体现了政府对美国标准化进程提供的巨大技术支持”⑤。

---

① 李会光：《欧美日中标准制定和管理机制的比较研究》，河北工业大学 2007 年硕士学位论文。

② 美国标准学会（ANSI）网站：Introduction to ANSI，American National Standards Institute（ANSI）website，[EB/OL] www.ansi.org，访问日期，2014 年 12 月 7 日。

③ 同上。

④ 李颖：《美国标准管理体制概况》，《世界标准信息》，2002 年 8 月。

⑤ 旻苏、李景：《美国标准体系及战略分析》，《中国标准化》，2006 年 9 月。

在美国社会，在标准化工作领域发挥主导作用的其实是以行业协会和专业学会为主的民间团体。例如，具有较大权威性的组织有美国试验与材料协会、国际（美国）机动工程师协会等，它们制定的标准在国内外被广为采用，享有很好的口碑。由于美国实行开放式标准制定政策，一些协会和非营利组织可以根据自己领域的实际需求制定相关标准和规范。若要成为国家标准，应按照国家标准协会制定标准程序的有关要求开展工作，向国家标准协会提出申请，经过研究批准后才能成为国家标准。美国学（协）会标准，“是由各种学（协）会组织、所有感兴趣的生产者、用户、消费者以及政府和学术界的代表通过协商程序而制定，适用于本行业（专业）的标准。”①

美国多元而分散的标准化管理体制、相互竞争的标准化运行机制以及协商一致的标准制定原则，使制定的标准成为相关从业人员需要遵从的规范，成为社会公众对相关业务领域进行监督和业绩考量的准则。

在文化遗产保护标准化工作中，美国国家标准学会、联邦政府机构、民间团体共同参与了标准制定，而非由单一标准机构对标准制定的权力进行垄断。参与文化遗产保护标准制定的联邦政府机构主要是国家公园管理局，其工作涉及文化遗产管理。参与文化遗产保护标准制定的民间团体主要有美国博物馆协会、美国材料与试验协会等，其日常业务涉及文化遗产保护。

同时，美国也结合自己的国情实际，引进了一些有关文化遗产保护的国际标准，如《信息技术·用户界面·文化要素的注册程序》等；同时，推广使用欧洲、亚洲一些国家的标准，如中国标准 GB/T16571−1996《文物系统博物馆安全防范工程设计规范》、德国标准 DIN EN 15898：2011《文化财产保护——主要术语和定义》、英国标准 BS EN 16085：2012《文化财产保护文化财产材料取样方法一般原则》等。

美国博物馆协会所制定的标准“是所有优秀博物馆都应该达到的水平，如果博物馆没有达到这一水平就会受到同行、出资人或媒体的批评。标准不只是少数几座博物馆能够达到的高不可攀的目标，而是博物馆成为一流机构、成为一个负责任的经营良好的非营利机构所必须具备的条件。”②

① 刘辉、王益谊、付强：《美国自愿性标准体系评析》，《中国标准化》，2014年3月。

② 美国博物馆协会编著：《美国博物馆国家标准及最佳做法》，〔美〕伊丽莎白 E. 梅里特评述，路旦俊译，外文出版社，2010，第6页。

美国博物馆协会所制定的标准，博物馆是否执行由博物馆自身来决定。但由于这些标准是经过广泛征求业内专家和相关人员的意见和建议在达成协商一致的情况下而制定的，且标准是博物馆衡量自身绩效的基本准则，是决策者、媒体、慈善机构、捐赠人以及公众评估博物馆业绩的重要依据，因此，大多数博物馆在管理和经营等方面都遵从这些规范，用这些标准来指导实际工作。

在非物质文化遗产保护工作方面，美国民俗中心制订的《文化遗产建档指南》对本国的非遗建档有着普遍指导作用。美国民俗中心隶属于美国国会图书馆，是美国非物质文化遗产保护工作最主要的执行机构①。美国民俗中心的非物质文化遗产建档实践充分运用了田野调查、实地访谈和文化调查等人类学与社会学研究方法，同时融入了现代数字录音和摄像技术。《文化遗产建档指南》对这些成功做法与经验进行了总结和推荐，重点介绍了田野调查和口头访谈的技巧与方法，规定了调查笔记与访谈总结的撰写格式，拟定了记录日志的写作提纲，强调了建档过程中知识产权保护的重要性。②

二、案例：美国《国家核心艺术标准》

美国《国家核心艺术标准》是一套有关艺术教育的国家标准，由美国国家核心艺术标准联盟（NCCAS）发布。它有明显的保护本国“文化艺术”的性质，可以说是具有国家战略意义的标准规范。

1994 年，《2000 年目标：美国教育法》在美国颁布，该文件将艺术定为美国基础教育阶段的核心学科。与其配套的《艺术教育国家标准》也被制定出来。这套标准的颁布，对美国各州中小学艺术课程标准的修订、艺术教育与教学的研究都发挥了重要的指导作用。

《艺术教育国家标准》是美国有史以来首套全国性艺术教育标准。这套标准在制定时，就被要求要达到美国国内以及国际最高水平，主要体现在几个方面：1. 要反映最好的教育理念；2. 要反映教与学方面最好的知识；3. 标准制定的过程

① 在对非遗具体文化表现形式的理解上，以欧美加澳为代表的西方国家和亚非拉等国有着较大的区别，前者认同的是民俗与民间创作，后者则侧重于乐、舞蹈和仪式，认识上的分歧带来的是非遗工作具体内涵与侧重点的不同。因此，美国的非遗保护集中于对本国民俗资料的保存与建档。

② Cultural Documentation Guidelines，(The American Folk life Center，Library of Congress)[EB/OL]：http://www.loc.gov/folk life/ed resources/ed training documents.htm，访问时间，2016年5月6日。

要具备广泛的基础和公开的程序。

然而，在美国实施的20年中，《艺术教育国家标准》并未如其所愿使美国的全体教学活动达到标准中的要求。其主要原因在于美国施行教育管理体制分权制，各州教育部门和学校可以自定课程、自定教学和评价体系，甚至有些地区并没有将艺术学科作为基础教育的组成部分，各地区艺术教育不平衡、不充分的问题较为突出；同时，各个艺术门类的教育标准也存在一些问题。

2000年后，美国艺术教育界开始反思艺术教育相关问题，并提出修订1994版《艺术教育国家标准》(简称《标准》)。2011年，国家核心艺术标准联盟（National Coalition for Core Arts standards，简称NCCAS）开始对1994《标准》进行修订，目标是解决各地区艺术教育不平衡问题，保证不同地区学生都能享受到均等的艺术教育资源；同时，他们也想为不同艺术学科课程寻找到统一的概念口径。为此，他们在世界范围内搜集到一些艺术课程标准进行研究，这些标准均来自教育先进的国家和地区；同时，他们还咨询了一些专业人士，大多是美国二年制和四年制大学中艺术专业部门的负责人和教授，学科涉及舞蹈、音乐、戏剧、视觉艺术和媒体艺术等门类。他们还针对人的发展与艺术学习之间的关系进行了研究。

2014年3月，美国《国家核心艺术标准》修订完成，呈现了美国艺术教育最新的课程理念和最新的评价方式。它既解决艺术教育公平的问题，又给予教师很大的自主空间，同时又强调学生的主体地位。通过公开征求意见后，该标准在美国国家核心艺术标准联盟（NCCAS）官方网站上正式发布。标准中涉及的艺术门类，包含舞蹈、戏剧、音乐、视觉艺术和媒体艺术五大类，其中“媒体艺术”是新加入的艺术门类，成为该标准的一个亮点，凸显了美国对新艺术发展的重视。

在《国家核心艺术标准》中，美国艺术教育被划分为四个学段，2年级、5年级、8年级和高中各有一个学段。《国家核心艺术标准》照顾到文化艺术传承的特殊性，它非常重视艺术学习的过程，并将其作为评估学生学习的最重要部分。

同时，该标准也建立了被称之为“基石性评估模式”（Model cornerstone assessments）的新型科学评估模式。该模式以某一成绩标准对学生在知识学习和技能训练的实际效果进行衡量，目的是让学生将所学到的知识与技能应用到各种艺术活动的过程中，形成在真实情境中运用知识与技能的能力。基石性评估具有真实性与复杂性的特征。因为它不同于传统的测试方式，不是以选择和回答为主，而是用情境化的方式去测试。若想取得好成绩，需要高层次的思考和思维习惯。

三、“美国记忆”涉及到的文化艺术资源标准化工作

“美国记忆”工程（American Memory）是美国国家数字图书馆项目，由美国国会图书馆启动。该工程旨在建立文化信息数字资源库，利用现代高新技术手段将各种形式的文化信息数字资源组织起来，通过互联网向全世界共享。在将各类文化信息资源数字化的同时，“美国记忆”也在资源搜集、整理、保护以及数字化等方面，做了许多标准化技术的研究，例如在材料选取、数字化加工等方面制定了许多技术标准。①

“美国记忆”项目至今运作成熟，但在项目刚启动时，工作人员便意识到国会图书馆数百万历史文化馆藏将给数字化工作带来巨大压力。为了有效解决海量文化资源与有限数字化能力之间的矛盾，项目开展时便通过科学的资源遴选过程对资源进行整理。其甄选原则为：该资源必须具有独一无二或极其稀有的特征；在甄选时，应对备选资源开展综合评估，包括历史、文化、教育方面的价值以及预期读者需求，还有其与当前技术能力结合度等多方面因素。对于非国会图书馆的其他合作机构所提交数字化资源，这个甄选原则同样适用于对其进行审核评价，以保证收录到“美国记忆”的资源价值标准统一。

数字资源建设的基础工作是对传统介质信息进行数字化加工。而历史文化遗产在载体类型和转换格式上的多样性又对加工技术和管理提出了更高要求。面对复杂载体中的各类资源，如何在满足当前技术管理水平的同事最大限度保存还原历史遗产本来面目；资源转换格式千差万别，如何保证不同加工主体间的可访问性和互操作性，都是历史文化资源数字化中必须要解决的问题。②

“美国记忆”在多机构合作建设过程中为保证各主体资源的可访问性与互操作性，在资源类型多样化的同时对加工格式严格要求，尽量实现标准化，且多采用国际标准、美国国家标准或工业标准。例如，文本采用标准通用标记语言

① American Memory from the Library of Congress[EB/ OL]：http://memoryloc.gov/ ammem/ index .html，2009年9月1日。

② 真溱：《美国记忆特点、技术方案要点及质量标准（上）》，《情报理论与实践》，2001年4月，第313—315页。

（Standard Generalized Markup Language，SGML）标记，未压缩图像的格式是标记的图像文件格式（Tagged Image File Format，TIFF），压缩图像的格式是JPEG文件交换格式（JPEG File Interchange Format，JFIF）；如无可用标准，则选用国际流行的格式，例如音频使用 RealAudio 格式，活动影像使用 QuickTime 格式，地图使用多解析度无缝图像数据库（MultiResolution Seamless Image Database，MrSID）格式。

2001 年初，“美国记忆”开始对资源格式全面转换，已实现两种主要格式：XML schema 中的 MARC 格式和都柏林核心元素集。对于不同的分类，美国记忆进行了不同的处理标准。“从文本类（textual）资料转换而成的黑白图像图像，从图片类（pictorial）资料转换而成的灰度和彩色图像，数字化的活动影像和音频资料以及可搜索的文本，数字化过程中使用了扫描仪、数字相机、音频和视频采集设备，并且在重新输入文本并对文本置标的过程中投入了大量的人力。”[①]

① 唐琼、张玫：《“美国记忆”与“共享工程”比较研究》，《图书馆理论与实践》，2006 年 1 月，第 1–3 页。

第四章　我国文化艺术资源标准化现状

相对国际社会，我国文化艺术资源标准化发展较晚。近些年，标准化建设日益受到重视，我国文化艺术资源标准化事业取得了快速发展，标准化组织建设、标准制修订、政策法规实施、标准化研究等方面均有一定成果。

第一节　现行文化艺术资源标准情况

中国作为发展中国家，“由于受科学技术和生产力水平的制约，往往是由政府推动组建国家标准化机构，开展标准化活动。”[①]根据我国现行标准管理体制，文化艺术资源行业领域的标准主要为国家标准或行业标准，只有极少的地方标准也是由国家政府机构立项，委托有关单位制定，这在一定程度上充分体现了国家意志，有利于标准的制定和实施。标准化工作主要由政府机构主导和推动。

一、我国文化艺术资源标准化工作组织

标准化技术委员会是专门的标准化管理机构，是组织专家、整合资源、推动标准化工作的基本组织。成立文化艺术资源标准化技术委员会，是我国文化艺术行业标准化工作进展的一个重要标志。

2008 年，根据国家标准化管理委员会《关于批准筹建全国特殊膳食标准化技术委员会等 468 个全国专业标准化技术委员会的通知》(国标委综合［2007］104 号)，文化系统组建了 8 个全国标准化技术委员会，分别是：全国剧场标准化技术委员会、全国剧场标准化技术委员会舞台机械分委员会、全国文化艺术资源标准化技术委员会、全国社会艺术水平考级标准化技术委员会、全国文化馆标准化技术委员会、全国网络文化标准化技术委员会、全国文化娱乐标准化

① 李春田主编《标准化概论》，中国人民大学出版社，2014，第115页。

技术委员会以及全国图书馆标准化技术委员会，并积极筹建全国动漫游戏标准化技术委员会。通过上述委员会的组织和筹建，将数百名专业组织起来。

全国文化艺术资源标准化技术委员会于2008年10月14日由国家标准委正式批复成立（国标委综合函［2008］111号），委员会编号SAC/TC394，主要负责文化艺术资源收集、整理、保护、开发、数字化等。文化艺术资源标准化工作主管部门是国家标准化管理委员会，业务指导单位是文化部，秘书处承担单位是文化部民族民间文艺发展中心。

全国文化艺术资源标准化技术委员会第一届委员会由来自各级文化机构、艺术院所高校以及企事业单位的44位专家组成。第一届文艺标准委委员任期由2008年~2013年，任期为5年。2017年2月16日，根据《国家标准委办公室关于全国文化艺术资源标准化技术委员会换届及组成方案的复函》（标委办综合函［2017］23号），第二届全国文化艺术资源标准化技术委员会正式批复成立。第二届委员会由来自政府主管部门文化部、省市级文化艺术单位、艺术院所高校、科研院所及企业单位的41位专家组成。

地方性文化艺术行业标准化技术委员会，是文化艺术资源标准化工作的重要组织力量。2011年，北京率先成立了文化创意产业标准化技术委员会，该技术委员会的成立，有利于北京市文化创意产业标准化工作科学和有序地开展，也对其他各地市的文化创意产业标准化工作起到指引作用，同时还填补了国内在文化创意产业领域技术标准组织的空白。

二、我国文化艺术资源标准制修订情况

我国现行有关文化艺术资源标准分为国家标准、行业标准、地方标准、团体标准、企业标准等类别，其中，前三类为政府主导制定的标准。

根据国家标准化技术委员会、中国标准化研究院等官方网站发布的权威信息，经不完全统计，我国现行有关文化艺术资源标准有120余项，其中国家标准24项，行业标准72项，地方标准26项。

（一）国家标准

现行有关文化艺术资源的国家标准主要集中在美术用具和音乐类器物方面。如下表所示。

表4　我国现行有关文化艺术资源标准（国家标准）一览表[①]

序号	标准编号	标准名称	标准类别
1	GB/T 10335.1–2005	涂布纸和纸板涂布美术印刷纸（铜版纸）	美术（含书法、绘画、雕塑等）资源
2	GB/T 13524.1–2015	陈设艺术瓷器 第1部分：雕塑瓷	美术（含书法、绘画、雕塑等）资源
3	GB/T 22832–2008	涂布美术印刷纸原纸（铜版原纸）	美术（含书法、绘画、雕塑等）资源
4	GB/T 30263–2013	信息技术：手写绘画设备通用规范	美术（含书法、绘画、雕塑等）资源
5	GB/Z 25101–2010	音乐、电影、视频、录音和出版产业内容传递与权益管理标识符和描述符的功能要求	文化艺术综合资源
6	GB/T 25601–2010	中国文化遗产标志	文化艺术综合资源
7	GB/T 26363–2010	民族民俗文化旅游示范区认定	民俗、节庆类资源
8	GB/T 10813.2–2015	青瓷器 第2部分：陈设艺术青瓷器	文化艺术综合资源
9	GB/T 13524.2–1992	陈设艺术瓷器器皿瓷	文化艺术综合资源
10	GB/T 13524.3–2015	陈设艺术瓷器 第3部分：文化用瓷	文化艺术综合资源
11	GB/T 16431–2008	中国盲文音乐符号	音乐资源
12	GB/T 16518–1996	电子琴音乐性能评价规范	音乐资源
13	GB/T 23151–2008	乐器产品使用说明的编制原则	音乐资源
14	GB/T 23173–2008	乐器分类	音乐资源
15	GB/T 23733–2009	中国标准音乐作品编码	音乐资源
16	GB/T 25454–2010	电鸣乐器均衡类音效装置通用技术条件	音乐资源
17	GB/T 25455–2010	电鸣乐器放音设备 设备音乐性能评价规范	音乐资源
18	GB/T 28484–2012	电鸣乐器压缩与扩展类音效装置通用技术条件	音乐资源
19	GB/T 28489–2012	乐器有害物质限量	音乐资源
20	GB/T 30414–2013	乐器音乐信号采集规范	音乐资源
21	GB/T 31109–2014	乐器声学品质评价方法	音乐资源
22	GB/T 31731–2015	废弃乐器回收利用通用技术规范	音乐资源
23	GB/T 31777–2015	数字音乐元数据	音乐资源
24	GB/T 31781–2015	数字音乐分类与代码	音乐资源

（二）行业标准

我国现行正式发表的行业标准主要集中在美术用具和乐器两方面。除此以

① 源自中国标准化研究院官网：http://www.cnis.gov.cn/。

外，非物质文化遗产方面，也有一些标准制修订项目在研。2014 年 4 月，“非物质文化遗产数字化保护”系列推荐性行业标准正式立项。此标准包括《非物质文化遗产数字化保护数字资源采集方案编制规范》《非物质文化遗产数字化保护数字资源采集实施规范》《非物质文化遗产数字化保护数字资源著录规则》三大系列，每一系列标准都从数字化保护的相应环节及非遗十大门类特性来制定。

表5　我国现行有关文化艺术资源标准（行业标准）一览表

序号	标准编号	标准名称	标准类别
1	HG/T 2913–2008	艺术摄影散页胶片尺寸	美术（含书法、绘画、雕塑等）资源
2	JB/T 10973–2010	艺术铸造铜雕塑件	美术（含书法、绘画、雕塑等）资源
3	JC/T 2334–2015	陶瓷雕刻砖	美术（含书法、绘画、雕塑等）资源
4	JY/T 0470–2015	小学美术教学器材配备标准	美术（含书法、绘画、雕塑等）资源
5	JY/T 0471–2015	初中美术教学器材配备标准	美术（含书法、绘画、雕塑等）资源
6	QB/T 1335.2–2000	水彩画颜料	美术（含书法、绘画、雕塑等）资源
7	QB/T 1335.3–1991	广告画颜料	美术（含书法、绘画、雕塑等）资源
8	QB/T 1750–2010	中国画颜料	美术（含书法、绘画、雕塑等）资源
9	QB/T 1751–1993	石砚	美术（含书法、绘画、雕塑等）资源
10	QB/T 2860–2007	墨汁	美术（含书法、绘画、雕塑等）资源
11	QB/T 4106–2010	固体水彩画颜料	美术（含书法、绘画、雕塑等）资源
12	QB/T 4106–2010	固体水彩画颜料	美术（含书法、绘画、雕塑等）资源
13	QB/T 4731–2014	绘画专用塑型膏	美术（含书法、绘画、雕塑等）资源
14	JB/T 10974–2010	艺术铸造乐器	音乐资源
15	JB/T 10974–2010	艺术铸造乐器	音乐资源
16	JB/T 10975–2010	艺术铸造响器	音乐资源
17	LY/T 1513–2012	乐器锯材.钢琴用材	音乐资源
18	LY/T 1974.1–2011	民族乐器锯材.第1部分：古琴用材	音乐资源
19	LY/T 1974.2–2011	民族乐器锯材.第2部分：琵琶用材	音乐资源
20	QB 2100–2007	十二平均律音名标注方法	音乐资源
21	QB/T 1207.1–2011	民族弦鸣乐器通用技术条件	音乐资源
22	QB/T 1207.2–2011	琵琶	音乐资源

序号	标准编号	标准名称	标准类别
23	QB/T 1207.3—2011	筝	音乐资源
24	QB/T 1207.4—2011	阮	音乐资源
25	QB/T 1207.5—2011	三弦	音乐资源
26	QB/T 1207.6—2011	月琴	音乐资源
27	QB/T 1207.7—2011	京胡	音乐资源
28	QB/T 1207.8—2011	二胡	音乐资源
29	QB/T 1299—2011	口琴	音乐资源
30	QB/T 1657.1—2012	唇振动气鸣乐器通用技术条件	音乐资源
31	QB/T 1657.2—2012	小号	音乐资源
32	QB/T 1657.3—2012	圆号	音乐资源
33	QB/T 1657.4—2012	长号	音乐资源
34	QB/T 1657.5—2012	中音号	音乐资源
35	QB/T 1657.6—2012	低音号	音乐资源
36	QB/T 1658.1—2012	簧振动和边棱音气鸣乐器通用技术条件	音乐资源
37	QB/T 1658.3—2012	单簧管	音乐资源
38	QB/T 1658.4—2012	高音双簧管	音乐资源
39	QB/T 1658.5—2012	低音双簧管	音乐资源
40	QB/T 1947.1—2012	民族气鸣乐器通用技术条件	音乐资源
41	QB/T 1947.2—2012	笛子	音乐资源
42	QB/T 1947.3—2012	笙	音乐资源
43	QB/T 1947.4—2012	箫	音乐资源
44	QB/T 1947.5—2012	唢呐	音乐资源
45	QB/T 1948—2011	柳琴	音乐资源
46	QB/T 1949—2011	扬琴	音乐资源
47	QB/T 2175.1—1995	响铜体鸣乐器通用技术条件	音乐资源

序号	标准编号	标准名称	标准类别
48	QB/T 2444—2010	钢琴零部件名称	音乐资源
49	QB/T 2841—2007	乐器音准装置准确度等级判定	音乐资源
50	QB/T 2979—2008	乐器用材.钢琴锯材	音乐资源
51	QB/T 4014—2010	电子鼓通用技术条件	音乐资源
52	QB/T 4015—2010	MIDI键盘通用技术条件	音乐资源
53	QB/T 4016—2010	中提琴弓	音乐资源
54	QB/T 4017—2010	倍大提琴弓	音乐资源
55	QB/T 4018—2010	倍大提琴	音乐资源
56	QB/T 4019—2010	中提琴	音乐资源
57	QB/T 4130—2010	竖笛	音乐资源
58	QB/T 4131—2010	键盘乐器键宽尺寸系列	音乐资源
59	QB/T 4181—2011	古琴	音乐资源
60	QB/T 4220—2011	乐器用材 提琴锯材	音乐资源
61	QB/T 4324—2012	电鸣乐器用效果器通用技术条件	音乐资源
62	QB/T 4325—2012	电鸣乐器放音设备.多功能音箱	音乐资源
63	QB/T 4326—2012	电鸣乐器放音设备.电吉它用音箱	音乐资源
64	QB/T 4327—2012	键盘乐器用音箱通用技术条件	音乐资源
65	QB/T 4328—2012	电子鼓用音箱通用技术条件	音乐资源
66	QB/T 4487—2013	电鸣乐器电声性能测量方法	音乐资源
67	QB/T 4490—2013	电鸣乐器放音设备踏板控制器通用技术条件	音乐资源
68	QB/T 4491—2013	电鸣乐器电源适配器通用技术条件	音乐资源
69	SJ/T 10346—1997	电子乐器干扰特性限值和测量方法	音乐资源
70	YB/T 5218—1993	乐器用钢丝	音乐资源
71	MH/T 1047—2012	艺术品及博物馆展（藏）品航空运输范	文化艺术综合资源
72	MZ/T 033—2012	地名文化遗产鉴定	文化艺术综合资源

（三）地方标准

在文化艺术资源，尤其是非物质文化遗产的保护实践中，许多地方也开始尝试制定相关标准，一些地区制定了保护、操作、评估等方面的标准。这些保护工作方法和操作规程的研究和实践，有利于非遗保护走向科学、规范化的方向。目前，在已公布的四批国家非遗名录中，传统医药类、传统美术类、传统技艺类、民俗类项目（服装）等已经有多个项目建立起了保护标准或产品标准。

浙江省是非遗保护标准化工作启动较早的省份之一。如宁波市建立了“三位一体”模式，该模式包括责任以及评估体系，已经在地方实施，对区域内的非遗保护工作进行指标量化。① 湖州市制定了《非物质文化遗产保护与传承通用指南》地方标准，规定了湖州市非物质文化遗产保护与传承的内容和要求。②2011 年，浙江省地方标准《湖笔制作工艺及技术要求》（DB33/T327 — 2011）发布、实施，代替原有标准（DB33/T327 — 2001）。2012 年，浙江省地方标准《龙井茶加工技术规程》（DB33/T239 — 2012）发布、实施，代替原有标准（DB33/T239 — 1999）。2012 年，安徽省地方标准《非物质文化遗产保护顶谷大方制作技艺》发布，2013年实施。

内蒙古自治区也是文化艺术资源标准化工作启动较早的省份之一。2012 年 8 月，内蒙古自治区地方标准《蒙古族服饰第1部分术语》（DB15/T506. 1-2012）正式实施③，对蒙古族服饰这一宝贵的少数民族服饰通过标准化的手段，挖掘其核心元素，把 28 个部落的服饰设计原则、号型规则、制作工艺、服饰特点及效果图用标准形式固化下来，带动了少数民族服饰这一非物质文化遗产的良好传播和继承。

2012 年，安徽省发布地方标准 DB34/T1756-2012《非物质文化遗产保护 顶谷大方制作技艺》，采取地方标准的形式把顶谷大方这一技艺进行规范，这也是保护非物质文化遗产的一种有效途径。

2013年，河南省地方标准《洛阳水席质量与服务规范》发布、实施。

---

① 费伊：《“三位一体”：非遗保护的宁波模式》，《中国文化报》，2011年12月21日，第4页。

② 王炜丽、黄家伟：《非遗传承 标准助力》，《湖州日报》，2018 年 5 月 15 日，第 A01 页。

兰英、蒋柠、刘默：《论标准化与少数民族服饰非物质文化遗产保护传承——以蒙古族服饰标准化研究为例》，《中国标准化》，2013 年 12 月。

③ 同上。

2014 年起，湖北省文化厅非遗处以项目的形式委托十余所高校的非遗中心制定“湖北省非物质文化遗产保护标准”，“标准”涵盖非遗的十大类别。其中，中南民族大学非物质文化遗产研究中心承担的“湖北省非物质文化遗产保护标准（民俗）”（附“评估指标体系”）已于 2018 年通过验收结项。

2015年，湖南省地方标准《土家织锦》发布、实施。

山东省也尝试同类标准的制定。2016 年，由扬州市质监局、扬州报业传媒集团制定的《印刷技术 雕版印刷技艺》标准，先后通过鉴定，不仅先后成为市级和省级地方标准，还成为全国首个新闻出版行业标准。

2016 年，由江西省标准化研究院、景德镇市古窑民俗旅游有限公司、陶瓷历史博览区管理处等单位共同起草的《景德镇传统制瓷工艺》地方标准亦通过评审，成为省级地方标准。

福建省虽然在非物质文化遗产保护工作上出台了一系列的法规和政策，但在标准制定方面还未有大的动作，目前与非物质文化遗产项目相关的地方标准有 35 项，但主要是以地理标志产品的标准出现，且主要是产品标准和加工技术规范，如：DB35/T1498 — 2015《地理标志产品 永定万应茶》、DB35/T1263 — 2012《石雕石刻制品》、DB35/T 777 — 2009《地理标志产品 福州脱胎漆器》、DB35/T 60.17 — 1994《武夷岩茶（乌龙茶）精制技术》等，范围主要局限在“传统手工技艺”类，其他类别的非物质文化遗产项目尚未涉及。①

其他，还有如《山西刀削面制作规范》（DB14/T1213 — 2016）《土家织锦》（DB43/T1019−2015）《赫哲族鱼皮服饰标准》《朝鲜族服饰标准》《黎族服饰标准》《维吾尔传统服饰名词与术语、维吾尔传统服饰分类和编码》《瑶族服饰 1 部分：南丹白裤瑶服饰标准》《蒙古族部落服饰标准》《达斡尔族服饰标准》《鄂温克族服饰标准》等标准。据统计，到 2016 年止，已有 24 个省市自治区制定了省级非遗地方性法规。②

① 王海瀛：《福建省非物质文化遗产保护标准化现状及对策》，《中国标准导报》，2016年8月，第42−43，53页。

② 中华人民共和国文化部各地贯彻落实（中华人民共和国非物质文化遗产法）情况评估报告［EB］：http://www．mcprc．90v．cn/whzx/whyw/201702/t20170210−490717，访问时间，2017年4月26日。

表6　我国现行有关文化艺术资源标准（地方标准）一览表 ①

序号	标准编号	标准名称	标准类别
1	CNS 10031－1983	美术用画笔	美术（含书法、绘画、雕塑等）资源
2	CNS 10032－1983	美术用画笔检验法	美术（含书法、绘画、雕塑等）资源
3	CNS 1464－1993	美术铜版纸	美术（含书法、绘画、雕塑等）资源
4	CNS 3748－1－1992	B级图画纸（一般学生用）	美术（含书法、绘画、雕塑等）资源
5	CNS 3748－1992	A级图画纸	美术（含书法、绘画、雕塑等）资源
6	DB51/T289－1999	中小学美术器材	美术（含书法、绘画、雕塑等）资源
7	DB51/T693—2007	美术桌	美术（含书法、绘画、雕塑等）资源
8	HG/T 2913－2008	艺术摄影散页胶片尺寸	美术（含书法、绘画、雕塑等）资源
9	DB61/T273—1999	艺术摄影行业分等定级规定	美术（含书法、绘画、雕塑等）资源
10	JB/T 10973－2010	艺术铸造铜雕塑件	美术（含书法、绘画、雕塑等）资源
11	CNS 10663－1983	乐器用频率基准	音乐资源
12	CNS 10664－1983	小号	音乐资源
13	CNS 10665－1983	竖笛	音乐资源
14	CNS 11034－1985	钢琴检验法	音乐资源
15	CNS 11035－1985	钢琴打弦器	音乐资源
16	CNS 11036－1985	钢琴打弦器检验法	音乐资源
17	CNS 3544－1994	唱盘	音乐资源
18	CNS 3545－1994	唱盘检验法	音乐资源
19	CNS 3620－1994	无端环状磁带盒尺度标准	音乐资源
20	CNS 3862－1985	钢琴	音乐资源
21	CNS 3863－1975	吉他	音乐资源
22	DB51/T287－1999	中小学音乐器材	音乐资源
23	JB/T 10974－2010	艺术铸造乐器	音乐资源
24	JB/T 10975－2010	艺术铸造响器	音乐资源
25	QB 2100－2007	十二平均律音名标注方法	音乐资源
26	MH/T 1047－2012	艺术品及博物馆展（藏）品航空运输规范	音乐资源

① 源自中国标准化研究院官网：http://www.cnis.gov.cn/。

（四）团体标准

2018 年，《古本易筋经十二势导引法技术规范》发布，成为中华中医药学会首个传统医药非遗项目的团体标准。

（五）综合情况

从内容来看，所有标准中，有关音乐资源的标准占有较大份额，达 2/3 强，计 87 项；美术（含书法、绘画、雕塑等）类资源标准和文化艺术综合资源分别为27项和9项，约占标准总数的1/3（见表7）。

表7　我国现行有关文化艺术资源标准数量统计表（截至2017年5月21日）

	国家标准	行业标准	地方标准	合计
文化艺术综合资源	6	2	1	9
音乐资源	15	57	15	87
美术（含书法、绘画、雕塑等）资源	4	13	10	27
民俗、节庆类资源	1	0	0	1
文学、戏剧（含戏曲、曲艺）、杂技、舞蹈类资源	0	0	0	0
总计	26	72	26	124

值得注意的是，在所有文化艺术资源标准中，有关舞蹈、戏剧、戏曲、曲艺、杂技、文学等艺术门类资源的标准目前还没有出现。在已有的音乐、美术、民俗类资源标准中，各艺术门类内部的标准化分类体系也很不全面。如音乐类仅限于器乐，对于声乐和综合乐种类资源尚未涉及；美术类仅限于绘画，对于雕刻、书法、篆刻、平面设计等艺术也较少涉及。

除门类不全面以外，现行文化艺术资源标准还呈现出一些较为明显特征。一是重器物、轻技术。从标准数量统计可以看出，音乐、美术类的乐器和绘画材料的标准数量较多，但尚未出现反映演奏技法、绘画技法的标准。二是重生产、轻保护。现行标准几乎全都是关乎艺术生产实践的，而关乎教育、传承、保护文化艺术资源的标准寥寥。

从标准管理的归口单位来看，由于涉及文化艺术资源的标准，多与电子信息技术、轻工业技术、文物旅游管理等行业相关系，因此许多标准的管理归口并非文化管理部门，而是其他非文化管理部门。例如，属于音乐类资源的乐器，以及属于美术类资源的颜料、画布等标准化工作目前划归中国轻工业联合会管理；属于音乐类资源标准的“数字音乐元数据”归口单位为全国信息分类与编码标准化技术委员会（SAC/TC353）；与民俗资源有关的“民族民俗文化旅游示范区认定”归口单位为全国旅游标准化技术委员会。

第二节　有关文艺资源标准化的政策法规

我国非常重视文化艺术资源标准化工作。相关政策频繁出台，从 2007 年文化部（现文化和旅游部）颁布的《文化标准化中长期发展规划（2007 — 2020）》开始，一系列有关文化艺术资源的政策法规出台，从整体上初步奠定了文艺资源标准化工作的基础，为文艺资源标准化发展带来了机遇，指明了方向，成为推动文化艺术事业发展的重要力量之一。

一、有关文化艺术资源标准化的政策法规

2007 年，文化部（现文化和旅游部）颁布了《文化标准化中长期发展规划（2007 — 2020）》。该文件指出：“文化领域的标准化是促进文化艺术与现代科技紧密结合、推动文化创新的重要技术保障，是繁荣文化事业和发展文化产业的重要基础性工作”。规划要求，在 2010 年以前，我国应初步建立文化领域标准体系，完成部分安全标准、基础标准和行业急需标准的制修订，在 2020 年以前建立起较为完善的标准体系，取得一批文化标准化理论研究重大成果，完成主要标准的制（修）订工作。

2011年，国家标准化管理委员会颁布的《标准化事业发展“十二五”规划》（以下简称《规划》）涉及各个行业的标准化规划，在生活性服务标准体系建设重点中提到“文化产业服务”，要求“研制文化创意产业、动漫业、游戏业、网络文化、演出业服务标准，以及数字出版、网络出版、数字印刷和出版物物流标准”。国家对文化产业标准化的建设也提上了战略高度。

2012 年 2 月，中共中央办公厅、国务院办公厅印发了《国家“十二五”时

期文化改革发展规划纲要》（以下简称《纲要》），明确了“十二五”时期我国文化改革发展的指导思想、方针原则、具体目标任务和重大举措，对文化改革发展作出了全面部署，提出：“研发制定文化技术标准，加快建立文化产品和服务质量管理体系”“构建公共文化服务体系……推进国家公共文化服务体系示范区建设。制定公共文化服务指标体系和绩效考核办法，明确服务标准和服务规范，加强评估考核”。

2015年底，国务院办公厅印发了《国家标准化体系建设发展规划（2016-2020年）》。该文件提出，“建立健全文化行业分类指标体系，加快文化产业技术标准、文化市场产品标准与服务规范建设”，以“保障文化环境健康有序发展，建设社会主义文化强国。”

二、有关传统文化艺术及非物质文化遗产保护的政策法规

在非遗保护的工作机制方面，我国首先在政策层面上明确了“保护为主、抢救第一，合理利用、传承发展”的工作方针以及“政府主导、社会参与，明确职责、形成合力；长远规划、分步实施，点面结合、讲求实效”的工作原则，并建立起了以政府为主导、多方参与的非遗保护工作机制。文化部下设非遗司，对接地方非遗保护机构，专职进行非遗保护工作。

2004年，我国政府出台了《全国人民代表大会常务委员会关于批准〈保护非物质文化遗产公约〉的决定》。

2005年3月26日，我国政府出台了《国务院办公厅关于加强我国非物质文化遗产保护工作的意见》（国办发［2005］18号），明确了保护和利用好我国非遗的重要意义及其紧迫性，提出“保护为主、抢救第一、合理利用、传承发展”，“政府主导、社会参与，明确职责、形成合力；长远规划、分步实施，点面结合、讲求实效”等指导方针和工作原则。该《意见》强调，要认真开展非遗普查工作，建立非遗代表作名录体系，加强非遗的研究、认定、保存和传播，建立科学有效的非遗传承机制，建立协调有效的工作机制等。《意见》还附上《国家级非遗代表作申报评定暂行办法》《非遗保护工作部际联席会议制度》《非遗保护工作部际联席会议成员名单》等文件。

非物质文化遗产代表性项目名录制度的重点是项目，《国家级非物质文化遗产保护与管理暂行办法》规定：国家级非物质文化遗产“是指列入国务院批准

公布的国家级非物质文化遗产名录中的所有非物质文化遗产项目。”① 代表性项目名录体系又称“代表作名录体系”和“名录体系”。②

随后，我国又出台了一系列有关非遗保护的政策文件，如《全国人民代表大会常务委员会关于批准〈保护和促进文化表现形式多样性公约〉的决定》（2006）、《国家非物质文化遗产保护专项资金管理办法》（2006）；《文化部办公厅关于印发〈中国非物质文化遗产标识管理办法〉的通知》（2007）；2008 年，《国家级非物质文化遗产项目代表性传承人认定与管理暂行办法》颁布，明确了非物质文化遗产代表性传承人制度。非物质文化遗产代表性传承人制度的重点是人，国家级非物质文化遗产代表性传承人被界定为“承担国家级非物质文化遗产代表性项目传承责任，在特定领域内具有代表性，并在一定区域内具有较大影响，经文化和旅游部认定的传承人”。

2010 年，文化部颁布了《关于加强国家级文化生态保护区建设的指导意见》和《文化部办公厅关于加强国家级非物质文化遗产项目代表性传承人补助经费管理的通知》。文化生态保护（实验）区制度的重点是特定的文化区域，《国家级文化生态保护区管理办法》规定：国家级文化生态保护区“是指以保护非物质文化遗产为核心，对历史文化积淀丰厚、存续状态良好，具有重要价值和鲜明特色的文化形态进行整体性保护，并经文化和旅游部同意设立的特定区域”。

2011 年，全国人大常委会通过《非遗法》，将非遗保护上升为国家意志。《中华人民共和国非物质文化遗产法》的颁布，标志着我国的非物质文遗产保护工作已上升至法制化和标准化阶段。法律、法规可以对非遗传承保护的相关行为进行了规范，为制度标准的制定奠定了扎实的基础。此后，文化部、中宣部、教育部、民政部、商务部等有关部委前后也都出台了相关规范、制度条例和文件。如《文化部关于加强国家级非物质文化遗产代表性项目保护管理工作的通知》（2011）。

2012 年，文化部下发了《关于加强非物质文化遗产生产性保护的指导意见》。该文提出“鼓励协会制定有关非物质文化遗产代表性项目在原材料、传统

① 中华人民共和国文化部：《国家级非物质文化遗产保护与管理暂行办法（中华人民共和国文化部令第 39 号）[EB/OL]》，2006 年 11 月 2 日：http: //zwgk.mct.gov.cn /auto255 /200612/t20061215_465520. html? keywords=，访问时间，2020 年 1 月 20 日。

② 实际公布的项目，2013 年以前均称“非物质文化遗产名录项目”（第一、第二、第三批），2013 年以后称“非物质文化遗产代表性项目”。

工艺流程和核心技艺方面的相关标准和规范，支持协会开展行业管理、行业服务、行业维权等工作，通过行业自律和行业监管，推动非物质文化遗产生产性保护健康发展。”[①] 这一条意见强调了通过行业协会来制定相应的技术标准和产品标准。

2015 年，文化部非遗司启动了“国家级非物质文化遗产代表性传承人抢救性记录工作”，并制定《国家级非物质文化遗产代表性传承人抢救性记录工作规范（试行稿）》。

2016年，《国家级非物质文化遗产保护与管理暂行办法》实施。一系列法律、法规和相关文件，以及各类项目标准的陆续制定与实施，进一步表明：标准的构建与研究等将成为这一阶段我国非遗保护工作的重点。

2017 年，文化部非遗司选取 5 个（湖北端午节、福建南音、浙江龙泉青瓷烧制技艺、新疆玛拉斯、广东粤剧）入选人类非物质文化遗产代表作名录项目和 1 个（黑龙江赫哲族史诗伊玛堪）入选急需保护名录的项目进行评估试点，并要求各项目制定评估规范。

在 2017 年 5 月召开的“全国非物质文化遗产保护工作会议”上，文化部非遗司正式提出制定“分类保护传承计划”[②]。湖南、北京等省市也在“十三五”期间将非遗保护的分类标准制定提上了议程。[③]

2017 年制定的《中国传统工艺振兴计划》中也提出“**强化质量意识、精品意识、品牌意识和市场意识**”“**引入现代管理制度，广泛开展质量提升行动，加强全面质量管理，提高传统工艺产品的整体品质和市场竞争力**”“**鼓励地方成立传统工艺行业组织，行业组织要制定产品质量行业标准**”等主要任务。[④] 其目标即是让传统工艺更合理健康地走进现代市场体系。

总体来看，目前，我国的非遗传承保护的制度主要有代表性项目名录制度

---

① 《文化部关于加强非物质文化遗产生产性保护的指导意见》，载于文化部非物质文化遗产司主编《非物质文化遗产保护法律法规资料汇编》，文化艺术出版社，2013，第61−65页。

② 同上。

③ 北京市文化局：《北京市文化局“十三五”时期文化发展规划［EB］》：http://www. bjwh. gov. cn/bjwh/zwgko/bmdL/gh/401200/index. Html，访问时间，2017年3月18日。湖南省文化厅：《湖南省文化厅关于印发（湖南省文化厅“十三五”时期文化发展规划）的通知［EB］》：http:// www. hnswhL 90v. Cn/new/）xxgk/gggs/contem−99165. Html，访问时间，2017年3月4日。

④ 文化部工业和信息化部财政部：《中国传统工艺振兴计划》，《中国文化报》，2017年3月27日，第1页。

（简称“名录制度”[①]）、代表性传承人制度、文化生态保护（实验）区制度和法律制度。几种制度的重点不同。目前，我国的非遗传承保护工作呈现纵向梯次等级结构。代表性项目有五个梯次等级，部分项目入选联合国教科文组织的“人类非物质文化遗产代表作名录”“急需保护的非物质文化遗产名录”和“保护非物质文化遗产的计划、项目和活动（优秀实践名册）”；此外，代表性项目在国内还有国家级、省（市、区）级、州（市）级和县（市）级四个梯次等级；代表性传承人也有国家级、省（市、区）级、州（市）级和县（市）级四个梯次等级；文化生态保护（实验）区除国家级外，许多地区也建立了省（市、区）级的同类区域。

第三节　有关文化艺术资源标准化技术研究现状

近年来，随着文化艺术事业和标准化技术的高速发展，国内关于文化艺术资源标准化技术研究的成果逐渐涌现出来。许多学者分别从资源主题内容、资源形式类别以及资源数字化管理技术出发，对文化艺术资源标准化技术进行了多项研究。

一、以资源主题内容为出发点的研究

音乐资源方面，标准化研究主要集中在音乐教育课程标准方面。齐乐、许锐等曾选取国内外最能集中反映国民音乐教育现状的政府指令文件进行历史性和共时性对比研究，通过对其学校音乐教育的发展历程进行梳理与研究[②]，对其义务教育阶段的规定进行比较分析，从而认识中外小学和初中的音乐教育理念、方法、内容、标准等方面的异同，理解中外与此相关的教育和文化观念及其差异。[③]

美术资源方面，标准化研究较为宏观。刘玉睿认为，在中西文化融合中，西方文化的模式、内容、机制、特点正在成为主流，当代艺术的多元化洪流当中也正在催生美术的标准泛化。当代中国美术标准各有不同，没有办法去统一，

① 柏贵喜：《名录制度与非物质文化遗产保护》，《贵州民族研究》，2007年4月。

② 许锐：《建国后我国小学音乐教学大纲（课程标准）的比较研究》，中国音乐学院硕士论文，2012年4月。

③ 齐乐：《中日两国中小学音乐课程标准比较研究——中国<全日制义务教育音乐课程标准>与日本“中小学音乐学习指导要领”》，东北师范大学硕士论文，2008年5月。

较难去评判艺术的高下，容易让“艺术投机分子”混淆真正的艺术与虚伪的艺术，从而给美术自身发展造成损害。在西方化的大标准前提下，中国美术正在失去地域性特征，中国艺术家应该要坚持自己的风格。[①] 范美俊认为，当下美术教学尤其是色彩静物教学最大的问题就是机械的“标准化”，一是工具材料、教材、绘画步骤的高度“标准化”，二是这种“标准化”教学带来的千人一面的试卷，应着力改变。[②]

戏曲曲艺资源方面，赵濛的《梅兰芳代表剧目服饰的色彩标准化研究与应用》与《浅析传统戏曲色彩标准化的研究与应用》两篇论文较有代表性。该研究以梅兰芳先生所出演的京剧《霸王别姬》等8出代表性剧目中的重点服饰作为研究对象，探究以梅兰芳为代表的服饰色彩的标准化应用，得出标准化理论及比对数据，为戏曲色彩标准化运用提供了理论依据和实践指导。[③]

综合类文化艺术资源方面，张中波、徐晓婷认为，民间文艺资源在产业化开发过程中，需要有标准化的考量，根据民间艺术资源自身特性能否适应产业化运作所需的规模化、标准化、批量化、大众化的生产、消费条件，从理论层面可将民间艺术资源分为可产业化的民间艺术资源与非产业化的民间艺术资源。通过民间艺术资源产业化适宜度的调研、评估与论证，可为民间艺术资源保护与开发措施的制定与实施提供科学依据。[④] 王璐、隋欣认为，艺术文章中的学术词汇被赋予了一定的标准定义。学术定义标准化可以借以标准进行一定程度的流通与传播，使之表达明确，但拥有明显的局限性与时效性，所以学术定义标准化可以根据艺术传承的特点，重新梳理学术定义的定位点，达到学术定义的原始功能，建立自然、生态化的艺术传承。[⑤]

二、以资源类别形式为出发点的研究

文献类资源方面。清华大学图书馆刘聪明《古籍数字化实践与探讨》[⑥] 从图

---

① 刘玉睿：《多元化、标准化与大一统——当代中国美术现状刍议》，《艺术论坛》，2012年3月。

② 范美俊：《美术教育应警惕“标准化”》，《中国文化报》，2014年12月7日，第1页。

③ 赵濛：《梅兰芳代表剧目服饰的色彩标准化研究与应用》，北京工业大学，2015。

④ 张中波、徐晓婷：《论产业化语境中民间艺术资源的层次开发模式》，《齐鲁艺苑》，2014年5月。

⑤ 王璐、隋欣：《艺术传承中的学术定义标准化》，《艺术研究》，2013年4月。

⑥ 刘聪明：《古籍数字化实践与探讨》，《现代情报》，2011年1月，第52−55页。

像资源和元数据方案两方面探讨了古籍数字化的标准规范，并通过古籍数字化实践，总结出质量控制的具体措施。在数字馆藏资源建设方面，王荣[①]论述了高校图书馆书目数据库标准化建设的意义，并提出了标准化过程中存在的问题及应对措施。王伟赟对高校图书馆特色数据库建设中的标准选择进行了研究，分析了建库软件的选择标准、元数据标准、数据交换标准和全文检索标准。[②]张惠君等人对 CALIS 重点学科网络资源导航库的相关标准和规范的建设情况进行了介绍和评价，包括资源选择标准、元数据规范、著录规则和资源类型设定、分类体系的选择等。[③]

文物类资源方面，罗威、易军凯、何坤鹏等通过调研国内外多种主题词表的构建和研究现状，分析多种词表的构建流程、编表规则及词间结构等相关内容，得出编制主题词表所必要的词间结构等研究结果，然后遵循主题词表国内外的编表标准及国内博物馆藏品分类标准，结合国内博物馆藏品分类的现状和我国文物领域体系自身的特点，参照部分文物分类方法的研究结果，提出文物数字化保护标准体系主题词表的构建流程及整个过程中每个部分所涉及的方法和技术。[④]

三、以资源数字化管理技术为出发点的研究

文化艺术资源的数字化管理技术包含收集、归档、转化、描述、保存、应用等多个方面，其中以数字化成果的描述标准研究较为重要，在此方面又以元数据标准规范、主题词表等研究为重点，研究成果也较为突出。

自信息技术发展以来，国内有关元数据标准的研究也在不断深入，“数字式中文全文文献通用格式”（广东省中山图书馆）、“中文元数据方案”（中国国家图书馆）、“基于 XML 的电子文件格式”（中国国家电子政务标准化总体组）等中文元数据标准目前已投入实际应用。一些以中文特藏资源为数字化对象的元

① 王荣：《谈高校图书馆书目数据库的标准化建设》，《情报杂志》，2002年8月，第97—98页。

② 王伟赟：《高校图书馆特色数据库建设标准刍议》，《情报资料工作》，2006年3月，第43—45页。

③ 张惠君、张春红、萧德洪等：《“CALIS 重点学科网络资源导航库”标准与规范述评》，《大学图书馆学报》，2006年3月，第28—32页。

④ 罗威、易军凯、何坤鹏：《构建文物数字化保护标准体系主题词表的探索》，《博物馆的数字化之路》，电子工业出版社，2015，第181—187页。

数据研究获得了卓有建树的成果，如北京大学古籍数字图书馆充分利用本馆资源，以拓片为基础进行元数据研究试验，对古籍、善本、拓片、舆图、敦煌经卷以及旧报刊等特藏资源展开研究。

2002 年 10 月，由中国科技信息研究所、中国科学院文献情报中心和中国国家图书馆联合将近 20 个单位组织规划我国数字文化艺术资源标准化技术建设，针对古籍制订了元数据应用规范和著录规则。《古籍著录细则》[①]《民国图书元数据著录细则》[②]等应运而生。[③]宋琳琳、李海涛等研究者调查了知名大型文献数字化项目中数字对象描述方式与标准规范，结合数字化项目特点，对元数据标准从描述、管理与结构三个方面进行完善。[④]

此外，李彦忠、孙少坤、肖新华、赵大有等通过分析泛在学习的特征，研究了支持泛在学习的数字化资源的技术标准，对现有数字化资源技术标准与泛在学习所需的技术标准进行了差距分析，提出支持泛在学习的数字化资源未来技术标准的设计原则。[⑤]王丹以考察中国传统五色意象观为基础，对中国色名、RGB 标准值、色彩意象及意象图例进行数据化整理，建立数据化的中国传统色彩意象信息表，并以中国传统节日为例，对当代中国色彩意象进行重新定义，完成了中国主要传统节口的当代色彩意象挖掘。[⑥]王海英研究了档案数字化工作的安全问题。[⑦]

四、以资源信息化建设为出发点的研究

文化艺术资源的核心是较为复杂的信息资源，对其进行信息化管理是首要

① 古籍著录细则，http://www.cadal.net/cnc/cn/jsgf/gjzlgz20040426.pdf，访问日期：2012 年 12 月 12 日。

② 民国图书元数据著录细则，http://www.cadal.net/cnc/cn/ jsgf/mgzlgz2004 .pdf，访问日期：2009 年 12 月 12 日。

③ 中国数字文化艺术资源标准化技术建设——项目简介，http://cdls.nstl.gov.cn/2003/whole/about.html，访问日期：2009 年 11 月 10 日。

④ 宋琳琳、李海涛：《大型文献数字化项目的元数据标准的调查与构建》，《图书馆杂志》，2013 年 11 月，第 45－54 页。

⑤ 李彦忠、孙少坤、肖新华、赵大有：《泛在学习数字化资源技术标准的设计原则研究》，《中国远程教育》，2010 年 9 月，第 64－68 页。

⑥ 王丹：《当代中国色彩意象文化及其数字化产品设计研究》，硕士学位论文北京邮电大学，2012 年。

⑦ 王海英：《对档案数字化中保密工作的思考》，《理论研究》，2016 年 4 月，第 190 页。

工作。长期以来，信息化管理方面的类标准研究成果层出不穷，以主题词表和分类法的编制为典型。如，《汉语主题词表》《中国图书馆分类法》《中国图书资料分类法》等。

《汉语主题词表》是我国第一部大型综合性叙词型检索语言词表，对推动我国主题标引工作的开展，促进计算机文献数据库的建立，以及在专业叙词表的编制、发展与完善方面起到了极为重要的作用。[①]《中国分类主题词表》是在《中国图书馆图书分类法》和《汉语主题词表》的基础上兼容二者而编制的一体化情报检索语言，使分类标引和主题标引结合起来。[②]《社会科学检索词表》是一部规范社会科学术语概念的词表，为社会科学研究机构进行文献标引和检索工作、建立计算机信息管理系统提供基础工具书。[③]《中国档案主题词表》是一部由反映档案内容的规范化词目组成的词典，是档案著录中主题词标引和进行检索的词语控制工具，可供档案馆、档案室及文书处理部门标引和检索档案、文件、资料之用。[④]

《中国图书馆分类法》(原称《中国图书馆图书分类法》) 是我国建国后编制出版的一部具有代表性的大型综合性分类法，是当今国内图书馆使用最广泛的分类法体系，简称《中图法》。《中图法》于 1975 年首次出版，2010 年出版了第 5 版。该分类法的第七部分（G 文化、科学、教育、体育）、第九部分（I 文学）、第十部分（J 艺术）对国内外有关文化艺术的文献资源进行了较为细致的分类。与《中图法》类似，中国科技情报所《中国图书资料分类法》、中国科学院图书馆图书分类法（简称《科图法》)、中国人民大学图书馆图书分类法（简称《人大法》)、武汉理工大学图书馆《国际图书集成分类法》等图书分类法，都对有关“文化艺术”的图书馆藏文献资料进行了科学、细致的分类，部分形成了文化艺术文献资源的分类体系，在一定意义上推进了文化艺术资源的标准化技术体系建设。

在《中国图书馆分类法》基础上，《广播电视节目资料分类法》得以诞生。它是中华人民共和国广播电影电视行业标准化指导性技术文件（GY/Z 199—2004），该分类法以《信息分类编码的基本原则和方法》为依据，吸收《中国图

① 中国科学技术情报研究所、北京图书馆主编《汉语主题词表》，科学技术文献出版社，1980。

② 《中国图书馆图书分类法》编委会:《中国分类主题词表》，华艺出版社，1994。

③ 《社会科学检索词表》编委会:《社会科学检索词表》，社会科学文献出版社，1993。

④ 《中国档案主题词表》编委会:《中国档案主题词表》，档案出版社，1988。

书馆分类法》《中国档案分类法》中适合广播电视节目资料特点的成分，从广播电视节目资料的实际出发，制定了统一的广播电视节目资料的分类方法。其中，作为广播电视节目资料第七大类的“文学艺术”资料，在该分类法中有较为详细的分类。这种具有规范化、标准化意义的分类体系，可以看作是文化艺术广播电视节目类资源标准化技术体系建设的早期实践。

五、以非遗保护专项为出发点的研究

非遗保护标准问题亦已成为我国学术界普遍关注的一个新课题。

2006 年，刘魁立与张颖敏联合发文谈及非遗保护标准的问题，他们提出：当今时代，标准化已成为一种社会需求和发展趋势，但在非遗保护过程中，由于强调的是地方特色和传统的特异表现，导致类似的充满矛盾的悖论（如我们一方面要求推广普通话，同时为了保护地方戏曲、民间文学等非遗项目又不得不强调方言），很难探寻出两全的答案。

2010 年，李昕发文指出：虽然非遗保护标准的确立，无论在理论上还是在实践中都具有一定的难度和复杂性，但对非遗保护来说，标准的建立还是有章可循的。在确定非遗的保护标准时我们要遵循以下基本原则：1. 非遗保护标准的确立必须以反映非遗的基本特点和性质为前提，2. 只有那些与文明进步精神不违背的文化和习俗才应得以保护和发展。《保护非物质文化遗产公约》等国际标准已为各国确定自己的非遗保护标准提供了理论依据。①

2011 年《非遗法》颁布实施，有学者呼吁在国家层面制定非遗分类保护标准规范。②与此同时，部分省份率先开展了尝试。如山东省文化厅从2013年起相继委托省内院校以及研究机构分类开展非遗保护标准基础性研究，截止 2016 年底已经完成十大门类保护标准的研究，进入成果转化阶段。其中，《山东省曲艺类非物质文化遗产保护标准基础性研究报告》分“山东曲艺发展现状、山东曲艺类非物质文化遗产项目保护现状、保护工作中存在的问题、制定保护标准的思路建议和参考标准”等五个部分，较为全面地呈现了曲艺类项目的保护需求 。③

2012 年，云南省标准化研究院《云南省少数民族服饰系列标准研制》项目

---

① 李昕：《非物质文化遗产保护与文化产业发展》，江苏人民出版社，2010。

② 《非遗分类保护标准将制定》，《法制日报》，2011 年 6 月 2 日，第 6 页。

③ 山东省文化厅：《非物质文化遗产十大类别分类保护标准基础性研究工作持续推进 [EB]：http://www. sdwhL gov. cn/html/2014/fyky_1215/17524. Htm，访问日期，2017年2月25日。

在云南省质量技术监督局获得立项，项目针对云南省15个独有民族服饰的核心文化元素和传统制作工艺进行研究，最终形成15项云南省地方标准。

2015年，湖北省文化厅与省内六所高校分别签订了“民间文学、民俗、传统技艺、传统体育、曲艺和传统戏剧六大类非遗保护规范研究课题协议。”[①]同年，孙向裕、郑耀星以福建省传统音乐类非遗为例，探讨了非遗标准化保护的必要性、可能性、有效性等问题，并提出“点三角”和“圈—轴”模型式的非遗保护方法。[②]同年，王霄冰先生通过对祭孔仪式的考证、考察，探讨了全球化语境下“标准化”与在地化二者之间的关系。[③]

王海瀛先生则初步构建了一个非遗保护标准框架：“根据政府部门的统一规划，从顶层建立一个全面、系统的标准体系，以保护工作的全过程为主线，实现对非物质文化遗产保护工作的全面规范，使标准化贯穿于保护工作的始终。”[④]这一非遗保护标准体系包括三个层次：第一层次包括确认、建档、研究、保存与保护、传承、传播和发展；第二层次是在每一保护过程下面分若干标准；第三层次是若干标准的再划分如价值评估标准、普查评估标准、申报评估标准等。

2017年，吕晓珊通过对传统民间刺绣挑花手工艺的归类、概念探讨以及审美形态与文化特性的关系分析等，以湖南隆回瑶族挑花为例，探讨了建立手工技艺类非遗保护标准的可行性。[⑤]刘立英先生探讨了体育类非遗保护标准建立的可能：推进体育类非遗保护标准化，可以更好的传承和发展体育类非遗，需遵从简化统一、全面成套；层次分明、协调统一；多方合作、动态开放；过程监控、优化推进的基本原则。体育类非遗保护标准可从符号标准、保障标准和执行标准三方构建，按制定发展规划、实施筹备、探索示范区、全面实施、评价反馈的步骤推进。[⑥]

后来，王霄冰、胡玉福在前人研究的成果基础上，探讨了非遗保护为何需

① 湖北省文化厅：湖北省文化厅正式启动非遗保护规范研究工作［EB］，http://www.hbwh.govcn/xwd//zgyw/12102.Html，访问日期。2017年3月4日。

② 孙向裕、郑耀星：《福建传统音乐类非物质文化遗产标准化保护研究》，《海南师范大学学报（自然科学版）》，2015年2月。

③ 王霄冰：《祭孔仪式的标准化与在地化》，《民俗研究》，2015年2月。

④ 王海瀛：《标准化视角下的非物质文化遗产保护》，《标准科学》，2015年10月。

⑤ 吕晓珊：《试论传统民间刺绣挑花手工艺类非物质文化遗产的保护标准——以湖南隆回花瑶挑花为例》，《文化遗产》，2017年3月。

⑥ 刘立英：《体育非物质文化遗产保护标准化研究》，硕士学位论文，武汉体育学院，2017年。

要标准、非遗保护标准体系的构成、非遗保护标准的确立过程及其意义等问题，并得出结论：非遗保护标准体系由非遗保护工作标准、非遗项目分类标准和非遗项目标准三大部分构成。非遗保护标准的建立过程应充分体现民主协商的精神，哈贝马斯倡导的交往理性与商谈理论可提供理论指导。[①]

白宪波《“标准化时代”基层非遗保护若干问题探讨》（2016 年度教育部人文社会科学重点研究基地重大项目“非遗保护的中国标准研究”成果，项目批准号：16JJD850016）从基层工作者的角度出发，探讨现有的法律法规和保护工作规范体系在实施过程中经常存在一些问题，主要包括传统标准与当代标准的矛盾、不同标准并行存在、政府职能部门间缺乏协调机制、相关主体之间存在利益冲突等。[②]

2020 年，柏贵喜、王通《我国非物质文化遗产传承保护的标准体系构建》认为，非遗传承保护标准体系是制度性结构标准体系、梯次性结构标准体系、分层性结构标准体系和程序性结构标准体系的复合体。标准体系的构建应坚持体系化、标准化、量化和多元化的基本原则，遵循基因挖掘、他山采石和梯次推进的主要路径。

作为一种有效的记录方式，数字化保护在非遗保护中被广泛采用，但由于缺乏统一的技术标准，各地数字化保护存在较大差异，阻碍了工作的科学开展。部分学者已经注意到该问题。如许鑫、张悦悦以国际通用的 DC 元数据标准为基础，从资源内容及属性、管理规范两个角度提炼出非遗资源的核心元数据集，使元数据规范体系更具兼容性、互操作性和非遗特色，并以瓯塑为例进行试用。[③]张勇等人分析了非遗数字资源元数据标准，对元数据标准与本地资源、应用平台、用户的对接中存在的问题进行了分析。[④]黄永林、王伟杰从数据分析、归类的视角总结了国内非遗分类体系存在的问题，即“**分类多为单线索式、一级分**

---

① 王霄冰、胡玉福：《论非物质文化遗产保护工作的规范化与标准体系的建立》，《文化遗产》，2017年5月。

② 白宪波：《“标准化时代”基层非遗保护若干问题探讨》，《文化遗产》，2018年6月，第19—27页。

③ 许鑫、张悦悦：《非遗数字资源的元数据规范与应用研究》，《图书情报工作》，2014年第21期。

④ 张勇、蔡璐、李月明：《非物质文化遗产数字资源元数据标准应用的研究和思考》，《图书馆》，2016年2月。

类不完善、二级分类较为缺乏等。”[①]黄永林还倡议“构建非物质文化遗产资源数字化分类标准规范和检索技术体系”。

第四节　文化艺术资源标准化工作的总体情况

关于文化艺术资源的标准化建设，许多学者专家在早期都进行过一些研究和思考，提出过许多科学化的建议与意见。近年来，随着我国文化艺术事业的发展，各类文化艺术管理、科研机构对于标准规范的制定给予了大量关注，文化艺术标准规范体系的研究由此得以进一步深化，文化艺术资源标准化工作取得一定进展。但同时，文化艺术资源标准化工作也存在许多问题，工作面临一些障碍，需要得到有效解决。可以看到，面对日趋激烈的国际竞争，我国文化艺术资源标准化工作还存在标准数量少、涵盖有限，标准制定不规范，标准实施、宣贯不力等问题。[②]

一、标准化工作基础

我国文化艺术资源标准化建设尚未取得一定成绩，重要原因之一是基础建设不足。

1.基础研究。基础研究不够，标准体系尚未建立健全。由于我国文化行业标准化事业起步较晚，目前有关文化艺术资源标准化技术体系建设的成熟研究成果还没有出现，大多研究仍处于比较零散的状态，这应该与文化行业标准化事业起步较晚有直接关系，与文化艺术本身的复杂性也有较大关联。研究者张刚、邱邑洪等就曾指出：“文化艺术资源涉及文化艺术各个门类，包括艺术本体、艺术人才、艺术设施、艺术机构、艺术材料、艺术传播等等，情况相当复杂。由于历史、约定俗成、行政体制等原因，在不同的学术语境中，文化艺术的内涵差别很大。这些复杂因素的存在，决定了文化艺术资源的标准化建设必然面临着诸多困难。”[③]加强文化艺术产业标准化基础建设的第一步，是应该尽快完成基础研究，推出一批基础理论研究成果。首先应该全面推进文化艺术资源标准

① 黄永林、王伟杰：《数字化传承视域下我国非物质文化遗产分类体系的重构》，《西南民族大学学报》，2013年8月。

② 永林：《数字化背景下非物质文化遗产的保护与利用》，《文化遗产》2015年1月。

③ 张刚、邱邑洪：《文艺资源保护走上标准化道路》，《中国文化报》，2009年1月13日，第7页。

体系研究，形成涉及文化艺术资源领域全方位工作的标准体系，包括安全、质量、环保、功能、技术、工艺、检验检测、资质、等级评定、保护消费者权益等各个方面。而且，还需要考虑到全国各地区文化艺术资源工作的差异性，在综合全国各地的实际情况后，创建全国统一的文化艺术资源分类标准，以促进全国范围内文化艺术资源分类的统一性、可比性和规范性。

2. 专业人才。人才较稀缺，标准化组织建设不健全。文化艺术行业标准化人才属于复合型人才，既要精通文化艺术业务，又要熟悉标准化工作。这种高要求是造成我国目前文化艺术事业、行业标准化人才匮乏的主要原因之一。从实际情况来看，当前一些行政管理机构和企事业单位大多不具备专业从事标准化工作的人员，少量单位仅有的标准化工作力量不能满足实际需求，且这些从事标准化工作的人员还多处于兼职状态。要想解决人才问题，必须特别重视人才培养工作，培养既精通文化艺术行业又熟悉标准化工作的复合人才。文化艺术资源标准化人才的培养是一项系统工程，需要政府和社会各个层面的共同努力。从国内外相关行业人才培养模式来看，可进行校企联合培养的方式，鼓励文化艺术领域企事业单位与高等院校对接，协同培养文化艺术行业标准化人才，高校可在原有文化艺术学科专业设置基础上，加入有关文化艺术资源标准化的相关课题。同时，政府也可以利用有关教育机构通过线上或线下形式，开展相关文化艺术资源标准化专业资格培训。除此以外，有关机构还应促进国内外文化艺术资源标准化人才的交流与合作，鼓励国内外学术交流。唯有如此，才可以有计划、有步聚地培养出行业所需要的人才，建立文化艺术资源标准化工作人才库。

3. 经费产业。经费保障不够，产业基础薄弱。根据业界历来工作经验，在已有的科研成果基础上，制定一项标准，至少需要若干万元人民币。如从科研开始，则为数更巨，但是主管机构每年能够用于标准化的经费非常有限，距标准化建设的实际需要相差甚远。[①] 欲大力推动本行业的标准化工作，必须有足够的经费支持。应当逐步扩大用标准化手段规范文化艺术资源保护、利用工作的范围，并制定中长期工作规划，对保护、传承和利用文化艺术资源，尤其是传统文化艺术资源项目进行系统设计，并投入专项经费支持，引导社会资本注入。此外，文化艺术产业基础薄弱也给标准化工作带来障碍。在美国等西方发达国

① 邱晓燕、朱荣、杨立昊：《用标准化手段创新民族文化保护工作探究》，《中国标准化》，2015年12月，第127－131页。

家，制定、修订标准的主体大多是民间社团和企业，这个工作原则也曾得到我国标准化管理部门的倡导，但由于我国缺乏一定数量的从事文化艺术的大型企业，处于多数的小心文化艺术企业单位虽然对标准有需求，但大多没有足够的财力、人力、物力从事标准化工作，因此较难成为文化艺术行业标准化工作的主体。由此，需要建立政府主导、研究机构和艺术院校参与、文化艺术产业投资的运行模式，共同开展针对文化艺术资源有关的科学技术研究和保护、保存方法研究，从而提高对文化艺术资源保护与利用的工作水平。

4.需求调研。对标准实施主体及对象调研不够，利益矛盾突出。文化艺术资源本身较为复杂，涉及管理、应用等工作难度增加，加之相关利益主体之间存在利益纷争，导致标准难以确立。以非物质文化遗产为例，因其可以带来经济利益，许多非物质文化遗产保护工作参与者争名夺利的现象经常发生；为谋求利益最大化，部分参与者甚至不惜采用弄虚作假、混淆视听等手段，导致非物质文化遗产保护工作标准难以确立。如，某传统纺织染织技艺，该项目利益主体以商家和地方政府为主，其中商家贯穿整个产业链，原料和成品生产商都参与了相关产品标准的发起、撰写和申请工作；而地方政府则尽量支持本地企业的相关活动，并对其他地方政府和企业的行为予以制衡。这种行为的出发点往往仅仅是为了维护自身利益，而非为更好地保护和传承非物质文化遗产。因此，他们推出的各类“保护措施”标准不免失之偏颇，存在许多问题，也有的甚至有混淆视听之嫌。这为真正标准制修订带来许多人为制造的困难。针对此问题，应该广开渠道，充分征求各个利益相关方的主要意见。按照我国《国家标准管理办法》的有关要求，编制单位应该在标准编制过程中，对标准相关单位和专家广泛征求意见和建议。但有的标准编制单位没有充分意识到征求意见的重要性，征求意见范围不够广泛，针对性也不够强，对专家的反馈意见没有进行认真讨论和研究，导致标准存在诸多问题。因此，应进一步加强文化艺术资源标准征求意见的有关工作，“将征求意见稿公布在相关网络上，公开、广泛地征求有关方面的意见，扩大征求意见的范围，使相关利益方都能充分发表自己的看法，将标准中存在的潜在问题和分歧解决在早期阶段，使标准内容更加体现相关各方的利益和观点，这样才能更加有利于标准的推广和实施。”[①]

① 李春玲：《文物保护标准意见征求解析》，《中国文物报》，2014年10月31日。

二、标准化工作成果

在全国各行业领域标准化工作中，文化艺术资源标准化工作成果相对较少。具体表现为数量、门类、水平以及更新及时度等方面。

1.标准数量。目前，专门用于文化艺术资源的标准数量较少，有待进一步加强。在对特殊文化艺术资料进行数字化处理时，没有统一的技术规格。在非物质文化遗产保护工作领域，缺乏标准与规范。随着文化艺术资源在国家文化建设和国际软实力竞争中的作用日益凸显，标准制定在我国文化艺术资源的调查、发掘、研究、保护、展示、利用及数字化领域的需求日益突出。还有，群众反映最多的问题，是文化艺术资源认定标准缺失。目前，国家和地方对文化艺术事业与产业采取了一系列支持措施，如区域建设、产业资金扶持、税收优惠等，但由于相关认定标准不明确，就会导致许多政策难以真正落地，事业、行业发展方向不明确等问题出现。

2. 标准门类。只有个别热门领域有标准，其他方面亟待完善。已有的标准也不够明细。关于文化艺术行业的分类，目前我国并没有一个明细的分类标准。主要因为国内外对文化艺术行业的内涵的界定目前还不太明确，对文化艺术种类的划分以及范围的划定目前也不太统一，因此造成对艺术种类的统计的版本与结果存在差异，不具备参考与借鉴价值。这些问题都影响了文化艺术行业领域统计数据的科学性与准确性。此外，已有的标准，还存在细目不统一的问题。例如，就文化创意产业这一部分，各省市就出台了多个分类目录，体现了自身的地方特色，如北京市将文化创意产业分为 9 大类，上海市则分为 6 大类不等。分类标准的不统一，使得我国文化创意产业统计困难。

3. 标准质量。现有标准受认识条件所限，其内容和水平尚不能反映现在的技术水平和应用习惯，不具备普遍的指导意义和权威性，更谈不上与国际接轨。在历史发展过程中，有些传统文化艺术活动逐渐形成了一种相对固定的习俗和规范，构成一种标准，而这些具有时代性的标准在当下实践中又体现出一定的局限性。例如，“金榜牛乳制作技艺”是一种传统手工制作技艺，它是佛山市顺德区第七批区级非遗项目之一。长期以来，它的生产方式都在延续徒手操作的传统，生产经营模式依然是小作坊式。这实际上已经形成了一套事实上的生产工艺标准。但这一标准带来的弊端是，至今“金榜牛乳制作技艺”无法使用现代机械，生产规模也很难扩大，而且这种生产和经营方式在现代人看来还存在着一定的食品卫生安全隐患，不符合我国《中华人民共和国食品安全法》的要求。这部法律明确规定：食品生产经营者应对其生产经营食品的安全负责。从这个角度说，面对现代社会的要求，有些传统手工艺的原有标准就需要及时修正、更新。

4. 标准实施。在整个标准化工作链条中，标准实施至关重要。想要让标准规定的各项内容真正落到实处，想要实现标准制定的根本目的，想要在实践过程中检验标准的适用性，都需要通过标准实施来实现。文化艺术资源有关标准，只有被广泛应用于实践中，在文化艺术工作中发挥应有作用，才能体现出价值和意义。但是在标准落地过程中，因为宣传不力、贯彻较差等各类问题频频发生，导致有相当一部分标准没有被认真贯彻执行。

若要解决现存标准制修订方面问题，应该采取一些针对性的措施，多措并举，多管齐下，才能起到良好效果。

一是鼓励社会组织制定团体标准。我国文化艺术资源类别丰富，不同类别、不同地域的文化艺术资源，对其进行保护的具体要求和方法，肯定会有很大的差异，仅以力量较小的行政管理部门来制定标准，则明显不能满足社会需求。因此，可以适当借鉴美国自愿性标准体系的一些做法，鼓励一些符合要求的行业协会（学会）或社会团体，制定具有针对性的、与其业务相适应的、符合其细分领域专业特点的团体标准。同时，也可以鼓励一些从事文化艺术工作的企事业单位，根据本单位的业务情况，在优势领域——如拥有较为成熟和先进的生产技术，或规范和科学的管理制度——来制定相应的企业标准。这些标准既可以为本单位所用，也可以推广到更大范围的社会面，提高该领域的技术水平和工作效率。团体标准或企业标准，既有更强的针对性和可操作性，又是对国家标准和行业标准的有益补充。待这些团体标准或企业标准实施一段时间经过实践检验后，对于符合在全国或行业推行的标准，可以逐步转化立项为国家标准或行业标准。

二是做好标准转化工作。文化艺术资源是人类共同的财产和财富，虽然由于地域不同、历史文化等方面背景不同，世界各国的文化艺术形态千差万别，但在保护理念、程序，管理方法等方面，有一定的共性，可以相互借鉴。英美等国家在文化艺术资源领域所制定的标准，在一定程度上，真实地反映了该国在某一领域的技术水平和保护要求，具有一定的借鉴意义。因此，我国可以在对其充分研究和实验论证的基础上，等同采用或修改采用适合我国国情的标准，借鉴国外有关技术和管理方法。

三是尽快编制行业亟需标准。建议文化艺术行业行政管理部门，联合其他有关文艺事业和标准化工作的职能部门，针对文化艺术资源的保护、保存、管理等工作的标准化技术，进行协同研究和探索；将标准化作为保护、传承和利用文化艺术资源的一个重要方法和手段，纳入到相关工作规划中；对于文化艺术行业领域急需的标准要抓紧编制，如《文化艺术资源术语》《文化艺术资源核心元数据》等规范；同时，要适度提升文化艺术资源标准制修订速度，使制修订工作的周期和标准寿命期适度缩短至科学水平；加强涉及文化艺术资源安全的技术标准和管理标准的研究和制修订工作；加强有关抢救和保护非物质的文化遗产管理技术规范的研究与制修订。

四是做好标准实施宣传工作。应该通过有关文化艺术资源标准的行政主管部门，对相关行业出台行政法规，颁布《关于加强全国文化行业标准化工作的实施意见》；通过各种技术手段，扩大文化艺术资源标准的宣传范围，对我国文化艺术资源标准化工作的意义和现有成果进行广泛宣传，大力加强标准化理论知识的普及工作；并加大标准施行力度，狠杀“为制标而制标”的形式主义工作作风，防止“将标准束之高阁”，使标准真正成为广大文化艺术工作者自觉遵循的行为准则；加强国内国际有关文化艺术资源标准化工作交流力度；逐步建立以推动文化艺术资源标准贯彻实施为目的的认证、鉴定、检测机构，切实加强文化艺术资源标准贯彻实施的措施；建立文化艺术资源标准贯彻实施的奖励机制，激励和调动文化艺术企事业单位、社会团体，以及全社会各行业各领域专家学者对文化艺术行业标准化建设的创新，积极参加文化艺术标准的研究制定和宣传实施工作。

第五章 我国文化艺术资源标准化技术体系建设需求分析

作为以文化艺术资源的保护管理为基本目的的组织来讲，其标准化工作的内容与一般文化产品的生产、销售组织存在很多差别，有许多自身的特点。在最大限度的满足文化艺术资源保护与管理、共建与共享的标准化要求，与“在一定范围内获得最佳秩序”“促进最佳的共同效益”的标准化目标之间，前者显得比后者更为重要。因此，文化艺术资源的标准化技术体系构建的需求，必须结合本组织的实际情况进行分析，以保证建成的标准化技术系统符合使用的需要。

第一节 需求定位

针对我国文化艺术资源标准化工作的现状，综合分析工作需求，可以确立当前我国文化艺术资源标准化技术体系构建工作的基本定位和工作路线：充分发挥文化艺术资源标准化在资源管理、资源共建和资源共享的作用，在现有的人力物力的基础上，以现实工作最需要、最具操作性的标准制修订工作为起点，逐步完善文化艺术资源标准体系建设工作。基本原则是：低起点启动，高目标建设、逐步完善系统功能。

“低起点启动”的概念是指首先解决有无问题。这主要从两个方面考虑：1. 文化艺术资源标准化工作，目前在人力资源、物质环境资源的配备、开发经费的投入等等，都不具备立刻建设完善的技术系统的条件；2. 由于标准化是一门学科，从事标准化活动需要掌握这门学科的知识、理论和方法，要做好标准化建设的需求分析更需要专业知识、理论和方法，因此需要标准化工作人员进行专项研究。同时，标准化又涉及到各个有关方面的工作，这又需要多方相互协调，而这些协调的结果就是制定一系列的标准，并以此作为标准化建设的基础，而这些标准又是一个行业领域在科研生产中不断规范、优化的经验总结。完善这些标准不可能一蹴而就。

所谓“高目标建设”就是要以全方位实现文化艺术资源标准化信息化建设为目标。全方位不仅仅要实现标准资料查阅、标准化知识宣传的信息化，而且要实现资源管理的标准化、标准体系建设和获得艺术生产过程的最佳秩序。这是标准化管理的高境界，也是标准化体系建设的高目标。它的实现需要以一系列文化艺术资源标准为基础，是与标准体系的建立和完善密切相关。因此要想达到这样的建设目标，必须在“建设→使用→优化→再建设”的过程中逐步完善系统功能。

文化艺术资源标准化技术体系建设，应照顾到文化艺术门类以及资源的全面性，也应照顾到文化艺术资源的调查、发掘、收集、整理、储藏、管理、研究、保护、展示、利用及数字化等工作技术系统的完整性，还要照顾到个别类别文化艺术资源的特殊性。

一、文化艺术门类的全面性

全国文化艺术资源标准化技术所涉及的文化艺术，应明确包含如下几大类①：

1.民间文学类。具体包含8个子类：

1.1　民间歌谣
1.2　民间故事、民间传说
1.3　寓言
1.4　神话
1.5　变文、宝卷
1.6　谚语
1.7　谜语、笑话、幽默
1.8　史诗

2.表演艺术类。具体包含4个子类，又细分为若干类别：

2.1　音乐

2.1.2　歌曲	2.1.2.0　国歌	
	2.1.2.1　群众歌曲	
	2.1.2.2　各族民歌、各地方民歌	2.1.2.21　各族民歌
		2.1.2.22　各地方民歌
	2.1.2.3　练声曲	2.1.2.31　高音
		2.1.2.32　中音
		2.1.2.33　低音
	2.1.2.4　戏剧、电影歌曲	2.1.2.41　戏剧歌曲
		2.1.2.42　歌舞剧歌曲
		2.1.2.43　电影、电视剧、广播剧歌曲
	2.1.2.5　艺术歌曲	2.1.2.51　独唱曲
		2.1.2.52　重唱曲
		2.1.2.53　合唱曲

① 分类标准参考《中国图书馆分类法》（北京：国家图书馆出版社，2010年8月第5版）有关内容，并根据本文研究对象涵盖范围，进行必要调整。

		2.1.2.54 多形式套曲
		2.1.2.59 其他
	2.1.2.6 儿童歌曲	2.1.2.61 独唱
		2.1.2.62 重唱
		2.1.2.63 合唱
		2.1.2.69 其他
	2.1.2.7 古代歌曲	
	2.1.2.8 宗教歌曲	
	2.1.2.9 其他	
2.1.3 戏剧音乐、配乐音乐曲谱	2.1.3.1 京剧音乐	
	2.1.3.2 歌剧、歌舞剧音乐	
	2.1.3.3 舞剧音乐	
	2.1.3.4 话剧配乐	
	2.1.3.5 地方剧音乐	
	2.1.3.6 电影配乐、广播配乐、电视配乐	
	2.1.3.7 杂剧配乐	
	2.1.3.8 杂技配乐	
	2.1.3.9 其他	
2.1.4 曲艺音乐乐曲		
2.1.5 舞蹈乐曲	2.1.5.1 集体舞曲	
	2.1.5.2 民族舞曲	
	2.1.5.3 儿童舞曲	
	2.1.5.4 古典舞曲	
	2.1.5.5 现代舞曲	
	2.1.5.6 芭蕾舞曲	
	2.1.5.8 交际舞曲	
2.1.7 器乐曲	2.1.7.1/.59 各种器乐独奏曲	
	1 练习曲、教科书	
	2 变奏曲、回旋曲、即兴曲	
	3 协奏曲	
	4 狂想曲、随想曲、幻想曲	
	5 奏鸣曲	
	6 组曲	
	7 序曲、前奏曲	
	8 舞曲	
	9 其他形式乐曲	
	2.1.7.1 管乐曲	2.1.7.11 长笛、短笛、竖笛乐曲
		2.1.7.12 萨克管乐曲
		2.1.7.13 双簧管、英国管乐曲
		2.1.7.14 单簧管（克拉管、黑管）乐曲
		2.1.7.15 大管（巴松）乐曲
		2.1.7.16 小号、短号乐曲
		2.1.7.17 长号、大号乐曲
		2.1.7.18 圆号（法国号）乐曲
		2.1.7.19 其他管乐曲
	2.1.7.2 弓弦乐曲	2.1.7.21 小提琴乐曲
		2.1.7.22 中音提琴乐曲
		2.1.7.23 大提琴乐曲

	2.1.7.24　低音提琴（倍大提琴）乐曲	
	2.1.7.29　其他弓弦乐曲	
2.1.7.3　弹拨乐曲	2.1.7.31　竖琴乐曲	
	2.1.7.32　六弦琴（吉他）乐曲	
	2.1.7.33　琉特琴乐曲	
	2.1.7.34　曼陀林乐曲	
	2.1.7.55独弦琴（瓢琴）乐曲	
	2.1.7.39　其他弹拨乐曲	
2.1.7.4　键盘、簧乐曲	2.1.7.41　钢琴乐曲	
	2.1.7.42　风琴、管风琴乐曲	
	2.1.7.43　手风琴乐曲	
	2.1.7.44　口琴乐曲	
	2.1.7.45　古钢琴、羽管键琴乐曲	
	2.1.7.49　其他键盘、簧乐曲	
2.1.7.5　打击乐曲	2.1.7.51　木琴乐曲	
	2.1.7.52　钢片琴乐曲	
	2.1.7.53　钟琴乐曲	
	2.1.7.54　定音鼓乐曲	
	2.1.7.55　小鼓、大鼓乐曲	
	2.1.7.56　打击乐组乐曲	
	［2.1.7.57］　竖琴乐曲	
	2.1.7.59　其他打击乐曲	
2.1.7.6　器乐合奏曲	2.1.7.61　管弦乐合奏曲	2.1.7.611　交响曲
		2.1.7.617　序曲、前奏曲
		2.1.7.618　舞曲
		2.1.7.619　其他管弦乐曲
	2.1.7.62　协奏曲	
	2.1.7.63　重奏与乐队曲	
	2.1.7.64　重奏乐曲	2.1.7.641　键盘重奏
		2.1.7.642　键盘与管弦乐重奏
		2.1.7.643　键盘与管乐重奏
		2.1.7.644　键盘与弦乐重奏
		2.1.7.645　管弦重奏
		2.1.7.646　管乐重奏
		2.1.7.647　弦乐重奏
		2.1.7.648　弹拨乐重奏
		2.1.7.649　其他重奏
	2.1.7.65　管乐合奏曲	{2.1.7.651}　军乐曲
		{2.1.7.652}　礼乐曲
	2.1.7.66　弦乐合奏曲	
	2.1.7.67　弹拨乐合奏曲	
	2.1.7.68　键盘、簧乐合奏曲	2.1.7.689　打击乐合奏曲
	2.1.7.69　其他合奏曲	2.1.7.692　轻音乐曲
		2.1.7.695　爵士乐队合奏曲
		2.1.7.699　特种编制的乐队合奏曲
2.1.7.7　电子乐曲	2.1.7.71　电子琴乐曲	
	2.1.7.72　电子音响合成器乐曲	

		2.1.7.79 其他电子乐曲	
2.1.8 民族器乐曲	2.1.8.1/.59 各种民族器乐曲		
	1 练习曲、教科书		
	2 变奏曲		
	3 协奏曲		
	5 奏鸣曲		
	9 其他		
	2.1.8.1 吹奏乐曲	2.1.8.11 笛乐曲	
		2.1.8.12 笙乐曲	
		2.1.8.13 箫乐曲	
		2.1.8.14 唢呐乐曲	
		2.1.8.15 管子（头管）乐曲	
		2.1.8.19 其他吹奏乐曲	
	2.1.8.2 弓弦乐曲	2.1.8.21 二胡乐曲、高胡乐曲	
		2.1.8.22 板胡乐曲	
		2.1.8.23 四胡乐曲	
		2.1.8.24 京胡乐曲	
		2.1.8.25 坠胡乐曲	
		2.1.8.26 马头琴乐曲	
		2.1.8.29 其他弓弦乐曲	
	2.1.8.3 弹拨乐曲	2.1.8.31 古琴乐曲	
		2.1.8.32 古筝乐曲	
		2.1.8.33 琵琶乐曲	
		2.1.8.34 三弦乐曲	
		2.1.8.35 月琴乐曲	
		2.1.8.36 冬不拉乐曲	
		2.1.8.37 柳琴乐曲	
		2.1.8.39 其他弹拨乐曲	
	2.1.8.5 打击乐曲	2.1.8.51 扬琴乐曲	
		2.1.8.52 锣鼓乐曲	
		2.1.8.53 钟、磬乐曲	
		2.1.8.59 其他打击乐曲	
	2.1.8.6 器乐合奏曲	2.1.8.61 管弦乐合奏曲	
		2.1.8.62 吹打乐合奏曲	
		2.1.8.63 重奏与乐队乐曲	
		2.1.8.64 重奏乐曲	
		2.1.8.66 丝竹乐	
		{2.1.8.67} 重奏乐曲	
		2.1.8.68 轻音乐	
		2.1.8.69 其他合奏乐曲	
	2.1.8.7 地方性器乐曲		
	{2.1.8.9} 其他		
2.1.9 其他音乐曲			
2.2 舞蹈			
2.2.1 各种舞蹈	2.2.1.1 集体舞		
	2.2.1.2 民间舞蹈、民族舞蹈	2.2.1.21 民间舞蹈	2.2.1.211 秧歌舞

			2.2.1.212 花鼓舞、花灯舞
			2.2.1.213 高跷舞
			2.2.1.214 龙舞
			2.2.1.215 狮子舞
			2.2.1.216 腰鼓舞
			2.2.1.219 其他
		2.2.1.22 民族舞蹈	
		2.2.1.29 其他	
	2.2.1.3 儿童舞蹈		
	2.2.1.4 古典舞蹈		
	2.2.1.5 芭蕾舞		
	2.2.1.6 现代舞		
	2.2.1.7 歌舞		
	2.2.1.8 交际舞（交谊舞）		
	2.2.1.9 其他		
2.2.2 各种舞剧	2.2.2.1 民族舞剧	2.2.2.12 古典	
		2.2.2.17 现代	
	2.2.2.3儿童舞剧		
	2.2.2.4芭蕾舞剧	2.2.2.42 古典	
		2.2.2.47 现代	
	2.2.2.9其他		
2.3 戏剧			
2.3.1 京剧艺术	2.3.1.1导演艺术		
	2.3.1.表演艺术		
	2.3.1.3舞台美术和技术	2.3.1.31 人物、景物造型	
		2.3.1.32 砌末（道具与布景）	
		2.3.1.33 戏台	
		2.3.1.34 灯光技术	
		2.3.1.35 舞台效果、音响技术	
	2.3.1.5 化装、服装和服饰		
	2.3.1.8 戏曲配乐		
2.3.2 歌剧艺术			
2.3.3 歌舞剧艺术			
2.3.4 话剧艺术			
2.3.5 地方剧艺术			
2.3.6 曲艺艺术			
2.3.7 其他剧艺术			
2.3.8 杂技艺术			
2.4 曲艺			
2.4.1 散说	2.4.1.1 评书		
	2.4.1.2 评话		
	2.4.1.3 说话（说书）		
2.4.2 叙唱	2.4.2.1 鼓曲		
	2.4.2.2 弦子书		
	2.4.2.3 小曲		
	2.4.2.4 弹词		
	2.4.2.5 摊簧		
	2.4.2.6 琴书、锣鼓书		

	2.4.2.7　莲花落	
	2.4.2.8　道情	
	2.4.2.9　宝卷善书	
	2.4.2.10　踏歌走唱	
	2.4.2.11　民俗仪式说唱	
	2.4.2.12　戏曲说唱	
	2.4.2.13　指画说唱	
	2.4.2.14　史诗说唱	
2.4.3　滑稽		
2.4.4　韵诵	2.4.4.1　板诵	
	2.4.4.2　吟诵	
	2.4.4.3　朗诵	
	2.4.4.4　韵说	

3.美术工艺类。具体包含4个子类，又各细分为若干类别：

3.1.　绘画	3.1.1　书法、篆刻	3.1.1.1　篆书书法
		3.1.1.2　隶书书法
		3.1.1.3　楷书书法
		3.1.1.4　草书书法
		3.1.1.5　行书书法
		3.1.1.6　篆刻、治印
	3.1.2　中国画	
	3.1.3　油画	3.1.3.9　漆画、涂料画
	3.1.4　素描、速写	
	3.1.5　水彩、水粉画	
	3.1.6　粉画、蜡笔画	
	3.1.7　版画	
	3.1.1.　其他绘画	
3.2.　雕塑	3.2.2　木刻、木雕	
	3.2.3　石刻、石雕	
	3.2.4　金属雕刻	
	3.2.5　竹刻、竹雕	
	3.2.6　漆雕	
	3.2.7　泥塑、塑像	
	3.2.8　陶雕	
	3.2.9　其他	
3.3.　摄影	3.3.1　户外摄影	
	3.3.2　室内摄影	3.3.2.9　广告摄影
	3.3.3　人像摄影	3.3.3.9　时装摄影
	3.3.4　风光摄影	
	3.3.5　舞台摄影	
	3.3.6　动体摄影	
	3.3.7　夜间摄影	
	3.3.8　空中摄影、水下摄影	
	3.3.9　新闻摄影	3.3.9.1　新闻摄影
		3.3.9.3　建筑摄影
		3.3.9.5　动物、植物摄影
		3.3.9.9　其他
3.4.　工艺美术	3.4.2　图案集	3.4.1　人物

	3.4.2　动物
	3.4.3　植物
	3.4.4　图案字
	3.4.8　少数民族图案
3.4.3　织染、服装、刺绣工艺美术	3.4.3.1　纺织
	3.4.3.2　印染
	3.4.3.3　地毯、挂毯
	3.4.3.4　编织
	3.4.3.5　服装
	3.4.3.6　刺绣
3.4.4　工商工艺美术	3.4.4.1　产品、商品装潢
	3.4.4.2　包装
	3.4.4.3　广告
	3.4.4.4　商标
3.4.5　装饰美术	3.4.5.1　室内陈设
	3.4.5.2　橱窗
	3.4.5.3　家具
	3.4.5.9　其他
3.4.6　金属工艺美术	3.4.6.1　金属器物
	3.4.6.2　景泰蓝
	3.4.6.3　珐琅
	3.4.6.4　像章
	3.4.6.5　徽章
	3.4.6.6　纪念币
	3.4.6.9　其他
3.4.7　陶瓷、漆器	3.4.7.1　搪瓷
	3.4.7.2　料器
	3.4.7.3　玻璃
	3.4.7.4　琉璃
	3.4.7.9　其他
3.4.8　民间工艺美术	3.4.8.1　剪纸、刻纸
	3.4.8.2　折纸、扎纸、绒绢
	3.4.8.3　木偶、皮影、假面具、脸谱、人形工艺美术
	3.4.8.4　面塑工艺美术
	3.4.8.5　木、竹、棕、草编织
	3.4.8.6　风筝
	3.4.8.7　灯彩
3.4.9　其他工艺美术	

4.民俗文化类。具体包含5个子类，每类各包含若干类别：

4.1　节日、节令	4.1.1　革命节日、纪念日总志
	4.1.5　旧中国纪念日
	4.1.8　四季节令
4.2　各种风俗专志	4.2.1　生育、诞辰
	4.2.2　婚姻、丧葬
	4.2.3　服饰
	4.2.4　民间文化艺术
	4.2.5　饮食、居住
	4.2.6　礼仪、礼节

4.2.9 其他习俗专志
4.3 民族风俗习惯总志
4.4 各地方风俗习惯总志
4.5 古代礼制
4.5.6 通礼
4.5.7 礼制通考
4.5.8 专类礼制

5. 综合文化艺术类。

二、资源类别的全面性

全国文化艺术资源标准化技术所涉及的资源，应明确包含文化艺术相关的人物、组织、活动、习俗、制度、作品、理论、文献、器物、场所等一切物质、能量和信息。具体分为如下几大类：

（一）实物类

1. 文献

1.1 书刊

1.1.2 论著

1.1.3 杂志

1.1.4 报纸

1.1.5 资料集

1.1.6 汇编谱集

1.1.7 百科

1.1.8 辞书

1.1.9 集成

1.1.10 年鉴

1.1.11 志书

1.2 其他资料

1.2.1 论文

1.2.2 报告

1.2.3 年表（大事记）

1.2.4 目录

1.2.5 图表

2. 器物

1.2.1　一般器物

如日常使用的乐器、美术用具、舞台服装、道具，民俗活动中使用的特殊仪式用器等。

1.2.2　文物

极具历史价值的稀缺性的文化艺术用器。如，历史遗留下来的在文化发展史上有价值的乐器、书画作品等。

（二）事务类

2.2　作品

2.3　理论

2.4　活动

2.5　习俗

2.6　制度

（三）人物类

3.1　人物

3.2　团体

3.3　组织

（四）空间类

4.1　场所

4.2　环境

（五）综合类

值得注意的是，如前文所述，由于部分文化艺术资源具有较强的专业性和行业特殊性，如“场所”中的剧场、图书馆、文化馆、文化娱乐场所等，“器物”中的舞台机械，“活动”中的社会艺术水平考级、网络文化服务等，我国文化行业管理部门特设专业技术委员会进行管理，故此部分资源也排除在本文所指的“文化艺术资源”之外。

三、工作系统的完整性

包含文化艺术资源的调查、发掘、收集、整理、存储、管理、研究、保护、展示、利用及数字化等工作技术系统。

（一）文化艺术资源实体有关工作系统

1. 调查采集

针对调查采集工作，也需要制定普适性较强的工作标准和技术标准，规范统一的采集方法、采集层面、采集内容等，使工作者可以按照统一标准进行田野采集，并对采集的资料进行后续处理，从命名、归类存档、入库，到编写成果，这一系列的工作都需要标准化的介入，来确保档案的完整性与真实性，为后续工作奠定基础。

2. 分类整理

文化艺术资源是一个复杂的事物。需要对其进行科学、系统、精细化的分类和整理。依照外部形态、文化内涵、地理空间、材质工艺、使用功能、权益归属等方面进行分类。每个分类维度下，又可以细分为若干层级。这一分类体系需要形成标准。

3. 存储保护

实物类的文化艺术资源的存储具有很强的专业性，比如特殊材质的乐器、美术作品、雕塑，戏曲服装、道具等。如何妥善地存储、科学地管理、有效地保护，关系到实物类文化艺术资源的生命长度和使用效率，甚至关系到文化艺术生产的安全。应该根据具体事物的特点和使用需求，制定一定的操作规范，使相关工作按照标准化的要求开展。

4. 展示利用

与存储保护一样，文化艺术资源的展示利用也需要标准化的操作规范。不同门类、材质的文化艺术资源的展示，应该在符合一定标准的环境和一定标准的条件下进行，否则将不能达到良好的效果。

（二）文化艺术资源数字化工作系统

文化艺术资源数字化，是将以文化艺术为主题的复杂多变的客观事物（信息、信号）抽象，进行二进制代码数字转换并建立适当数字模型的过程。

作为一种有效的文化艺术的记录方式，数字化技术在各地文化部门已被广泛采用，但“由于没有统一的技术要求和技术规格，各地各单位在对文化艺术档案资料进行数字化处理和管理时，各自为政，一些单位因陋就简进行数字化永久保存工作，反而造成有些资料在数字化过程中被毁损。”[①] 因此，需要制定相应的标准。

文化艺术资源数字化是一个较为复杂的工作体系，主要包括采集、处理、保存、修复、集成、出版、管理、考古、传播以及虚拟现实等内容。

1. 数字化采集与数字化处理

数字化采集有许多方式，包括数字化文本制作、数字化摄影、全息拍摄、数字化遥感、数字化勘测、纸质图文的数字化扫描、立体图像的数字化扫描等。数字化采集的信息的物理保存介质一般有计算机、磁带、光盘、U 盘等多个类型，存储和管理方式一般为多媒体网络数据库。通过数据库，可以使信息完整有序、便于检索，并能非常高效地呈现给所需求的广大用户，从而发挥自身价值。

数字化处理是为了有效地保护、管理、展示和利用文化艺术资源，对以保存的文化艺术数字化信息进一步加工的过程。文化艺术资源的数字化处理过程包括“数字编录、格式转换、编码压缩、图像处理、特征提取、数字建模、数字创作等。”[②] 经过数字处理后，文化艺术资源数字化的信息价值及其依托互联网数据库提供给用户的服务水平将会提升到一个新的高度。

2. 数字化保存与数字化管理

数字化保存是利用数字化技术，通过计算机、数据库、磁盘阵列、光盘、网络等工具载体，对文化艺术资源的数字化信息进行保存。数字化保存不仅需要物理条件，而且也需要一系列相关规定、协议和技术。

数字管理和数字保存紧密联系在一起。数字管理是用数字信息技术及统计技术等对文化艺术资源信息资料进行程序化管理，具体就是指将文化艺术资源信息数字化后形成的各种结构化、非结构化或半结构化的数字资源组织起来，形成数据库和信息系统。数字管理广泛应用于文化艺术资源数字化保护与开发的各个方面，为具体应用提供数字资料来源，以备搜索查询与共享交流。

① 阎平：《文化产业标准化问题研究》，《湖北大学学报（哲学社会科学版）》，2010年6月。

② 王耀希：《民族文化遗产数字化》，人民出版社，2009，第19—20页。

3. 数字化传播与数字化出版

数字传播是相对传统传播方式而言的一种新的传播途径，它是一种综合的传播方式，集合了图片、文字、动画、声音、视频等多种信息载体和传播方式。它以多媒体技术、数字化技术与网络技术为主体，可以和用户交互，主要通过网络和电视进行传播。

数字出版是数字传播的重要形式。数字化出版是一种新兴的出版业态，它融合并超越了传统的出版方式，借助计算机、网络通讯、流媒体等高新技术，将所有出版内容以电子书（e-book）、数字期刊、数字报纸、数据库等形式进行出版发行。与传统出版方式相比，数字化出版更强调在出版内容、传播载体、阅读形式和运作流程等方面的数字化形式。①

4. 数字集成

数字集成是文化艺术资源数字化发展到高级阶段的一种综合应用，它集众多文化艺术资源数字化保护与开发多种技术为一体。最典型的文化艺术资源数字集成的应用案例当属数字博物馆。数字博物馆的建设实际上是一个大型综合信息系统的实现过程，它需要对众多文物进行全方位、标准化的数字化采集、数字信息存储、加工、组织，并通过网络技术，将这一综合信息系统进行共享和科学管理，最终为人们提供科研、展示、交流、教育培训和休闲娱乐等服务。

文化艺术资源数字化涉及到数字图像处理技术、多媒体技术、数字内容管理与发布技术、3S 技术、网络技术等重要技术。不同门类、不同介质的文化艺术资源的数字化工作，会用到不同的技术，从而需要拥有不同的技术标准。

四、专题资源的特殊性

非物质文化遗产作为特殊的一项文化艺术资源，其在内容分类上与各个文化艺术门类的资源存在交叉、重复的问题，但因其作为“遗产”的特殊意义，故在标准化体系中单设为一类。针对这类资源及其保护工作，需要特别构建一套科学有效的监测评估管理体系，衔接各地工作平台，将有助于保护工作的规范性。

非遗项目种类繁多，每一个项目都具有自己的历史渊源和文化特性，所以

① 程素琴：《数字出版传播特性研究》，中国广播电视出版社，2010，第21–26页。

很难制订一部涵盖所有项目的保护标准。如果要为我国非物质文化遗产保护工作制订一个标准体系，应当在联合国教科文组织的《非物质文化遗产保护公约》和《伦理原则》和我国《非物质文化遗产保护法》相关规定基础上，进行具体化的各类细则的设置。它的内容主要有基础标准和工作标准两部分。

（一）非遗资源基础标准

1. 基本术语

非遗资源基本术语是有关非物质文化遗产的核心概念，主要功能是对非物质文化遗产资源进行界定。从非遗的基本定义来说，非物质文化遗产的核心是人的技能、技艺和技巧，这些都较为隐性的、无形的、非物质的，而且还必须是活态的、实时的，以人的思想和行为方式表达出来的一种信息和能量。当然，非物质文化遗产作为一种技术、技艺和技巧，是一种劳动，能产生成果，这些劳动成果可以显现为实物、文字、图片、符号、音像等显性的物质形态的资源。因此，非物质文化遗产基本术语就应当把这些概念界定清楚。

2. 分类标准

非物质文化遗产有众多项目以及细目。截至 2022 年 8 月，我国国务院已公布的国家级非遗代表性项目共有五批，总计 1557 项，全国各省、市、县三级名录公布的总额达百万项。按照表现形态不同，非遗代表性项目分为民间文学，传统音乐，传统舞蹈，传统戏剧，曲艺，传统体育、游艺与杂技，传统美术，传统技艺，传统医药，民俗等 10 个门类和若干个细目。面对既复杂又特殊的非物质文化遗产表现形态，对其分类需要有明确的标准，只有如此才能为其保护制定出有针对性的方案。

3. 技术标准

非物质文化遗产大多有许多核心技术，尤其是手工技艺类的非遗项目。为了给非物质文化遗产项目的保护和传承提供规范，应当在涉及非物质文化遗产代表性项目的原材料、传统工艺流程和核心技艺等方面制定相关标准和规范。以传统工艺为例，其原材料使用、产品形式、产品质量、生产环境等方面都较现代生产方式特殊，为了能生产出正宗的、高品质的产品，传统工艺项目的保护就需要制定各自的生产标准。

（二）非遗保护工作标准

为了保护好非物质文化遗产，除了对其本身做相应标准之外，还应针对与其有关的保护工作，如非遗项目普查、认定、申报、记录、评审等进行规范，形成相应的非遗保护工作标准。作为一项系统工程，非遗保护涉及的对象、内容广泛。从公共文化事务的视角，非遗保护工作需要在国际公约、国家立法等的指导下，有一个合理有序的程序。从非遗保护工作的程序来推断，非遗保护工作标准应当包括普查记录、项目评审、信息管理等方面。

1. 普查记录

普查和记录是非物质文化遗产保护的基础工作，制定非物质文化遗产普查记录工作标准，本质目的是为这项基础工作提供效率和质量的保证。文化部“十三五规划”曾明确提出，要“按照统一的标准规范，对国家级非物质文化遗产代表性项目的内容与表现形式、流变过程、核心技艺和传承实践情况进行全面、真实、系统的记录，对其中部分濒危项目和代表性传承人抓紧实施抢救性记录。”①文化部非遗司曾于2015年制定《国家级非物质文化遗产代表性传承人抢救性记录工作规范（试行稿）》，都是非遗普查记录标准制定的有益尝试。

2. 项目评审

非物质文化遗产项目的评审是非遗保护工作的关键环节，它包括代表性项目、代表性传承人、传承基地的申报以及认定等一系列活动。为了保证非物质文化遗产项目评审工作的客观公正有效，应当指定相关标准，为该项工作提供技术支撑。国家非物质文化遗产保护工作专家委员会负责非遗项目和代表性传承人的申报认定方面的咨询、论证、评审和专业指导，同时也应当为申报、认定等工作制订相应规范。

3. 信息管理

信息管理是非物质文化遗产保护工作中很重要的一环，包括档案管理、数字化等方面。非遗信息保护主要有“文字、图片、录音、录像”等形式，现行的非遗法为非遗建档划定了“搜集、记录、分类和编目”等基本流程。除传统的记录方式外，非物质文化遗产档案也需要转换为数字形态，这项工

① 中华人民共和国文化部：文化部“十三五”时期文化发展改革规划［EB］，http://zwgk.mcprc.gov.cn/aut0255/201702/t20170223—491392.Html，访问日期2017年3月26日。

作的开展需要统一的标准来规范。同时，制订非遗元数据标准、对非遗相关信息资源一般属性和特殊属性进行描述，对建立非遗大数据的核心技术有着至关重要的作用。

第二节　专题访谈和分析

在进行现有研究成果梳理的同时，为广泛征求社会各界专业意见，本课题也开展专家访谈调研活动。围绕研究主题与有关专家、权威人士直接交流以获取意见与观点，有利于广泛征集业界观点、聚焦核心问题、凝结权威意见，增强研究的科学性和有效性。

一、访谈设计

文化艺术资源标准化技术体系是一个内涵丰富、范围广大的知识体系。因此在访谈对象的择选以及访谈问题的设计方面都需要照顾到广泛性和针对性。文化艺术资源标准化技术体系建设涉及全国各地各类文化艺术事业管理部门、科研部门、教育部门，以及文化艺术创作和表演团体。在访谈专家的选择上既要考虑到不同组织和单位在行政级别、管理权限、业务性质等方面的特殊性，也要考虑到各地区、各民族对文化艺术资源概念理解的差异性，还要考虑到访谈对象对文化艺术资源和标准化技术双专业领域的熟悉程度。

全国文化艺术资源标准化技术委员会是负责文化艺术资源搜集、整理、保护、数字化等领域标准化工作的专门机构，标委会委员来自全国各级各类文化艺术管理部门、高等院校、科研院所、文艺院团、文化企业，共 39 名，可以基本满足本课题的访谈需求。为更加全面的了解文化艺术资源标准化技术体系建设的相关问题，课题组除将全国文化艺术资源标准化技术委员会的 39 位专家全部作为访谈对象以外，还增加了 14 名其它非标委会成员专家。

文化艺术标准化技术体系建设涉及到文化艺术资源的管理、保护、应用、发展等多方面内容。因此，本次访谈的问题既包括对文化艺术资源标准化技术体系建设的整体结构问题，也包括具体艺术门类标准规划的设计；既重点研究各个艺术门类资源标准化技术的交叉问题，又请访谈对象对文化艺术资源标准技术体系建设提出具体建议。力求访谈内容的全面性、客观性、深入性，以便详尽了解专家对我国文化艺术资源标准规范体系建设需求的看法，获得专业的学术支撑。

专家访谈提纲

受访专家： 单位： 职务/职称：

访谈人员： 时间： 地点：

问题一： 目前我国文化艺术资源的保存、利用等方面有些什么样的状况，请就您工作的领域，介绍一些基本的情况。

问题二： 请您介绍一下贵单位文化艺术资源的保存现状。您能否提出一些具体案例，谈一谈贵单位在运用文化艺术资源建设、资源著录与标引、资源数字化加工、资源元数据、管理元数据、服务等标准规范的过程中，遇到的一些问题，以及解决问题的办法？

问题三： 您认为目前我国文化艺术资源的保护与发展工作是否存在标准化建设的需要？在哪些方面需要标准化？需要急迫深度如何？

问题四： 据您所了解的国内外标准化工作中，文化艺术资源的标准化工作状况是怎样的？有什么问题？

问题五： 您认为文化艺术资源标准化工作体系应该如何建立？它与其他领域标准化工作体系的交叉、重复问题，将如何避免？

问题六： 您认为我国文化艺术资源的范畴是什么？如何界定标准化领域的“文化艺术资源”概念？

问题七： 中国传统乐器标准化技术已被列入其他标委会工作范围，您如何看？

问题八： 非物质文化遗产工作的标准化您如何看待？您是否知道国内有哪些从事非遗资源数字化的组织？能否介绍一两个个案？

问题九： 请您谈谈标准规范在非物质文化遗产保护事业发展方面居于什么样的地位？有无必要？是否可以与国际接轨？

我国文化艺术资源标准体系建设需求分析问卷调查表

1. 您的单位属于哪种性质？

□行政机关 □科研单位 □教育部门□其他事业单位 □企业 □其他

2. 您对文化艺术资源标准规范的内涵了解吗？

□非常了解 □一般了解 □不了解

3. 您对我国文化艺术资源标准规范体系建设有过研究吗？

□写过论著或论文 □参与过标准规范研制

□参与过标准化研究的相关科研项目 □研读过相关文章□没研究

4. 您认为我国文化艺术资源标准体系中那些方面是亟待完成的？

□设施设备 □服务 □管理 □其他（请填写）

5. 您认为我国文化艺术资源标准体系建设的理论研究需重点关注以下哪些方面（可多选）？

□标准规范体系构建 □管理标准研制□服务标准研制 □设施设备标准研制

□标准规范宣传 □标准规范的贯彻实施 □业务工作标准 □其他（请填写）

6. 我国文化艺术资源标准体系建设研究是否要将地区差异考虑在内，并在体系构建中有所体现？

□需要 □不需要□无所谓

7. 您认为我国文化艺术资源标准规范体系建设是否应当有一个专门用来公布、宣传已有标准的网站？

□应当 □不应当 □无所谓

8. 您认为非遗立法对非遗保护标准规范体系建设有推动作用吗？

□能 □不能 □无所谓

9. 我国文化艺术资源标准体系建设需要借鉴国外经验吗？

□需要□不需要 □无所谓

10. 我国文化艺术资源标准体系是否应当随着社会、经济、技术的不断发展而修订完善？

□是 □否 □无所谓

11. 您认为文化艺术资源标准体系应当至少几年做一次修订？

□3年 □5年 □10年 □15年

12. 您认为，我国文化艺术资源标准规范体系应该包括哪几类标准规范？

（可另附页）

13. 您认为，我国文化艺术资源相关工作目前亟需的标准规范有哪些？

（可另附页）

二、结果分析

通过专家访谈，课题组收集到有关文化艺术资源标准化技术体系建设的众多问题和意见建议。概括起来，可以归为如下两大类。

（一）重视文化艺术资源标准化工作

1. 标准化在文化艺术事业发展中的重要作用。

受访专家一致认为，文化艺术资源标准化事业是推进我国文化事业科学化、现代化、国际化的重要支撑，是推进文化事业发展的基本条件，是推动文化走出去、促进国际交流的重要抓手。标准规范是文化艺术资源保护与发展的基础技术支撑，是确保文化艺术资源管理专业化发展的必然要求，也是与国际文化艺术资源管理保护组织实现共建共享的基本条件。通过标准化，可以促进文化艺术资源管理行业科学管理的实现。标准化是科学管理的一项重要内容，文化艺术资源管理行业的标准化和规范化是推动其发展和创新的重要保障，也是文艺管理工作和促进各民族、各地区文化艺术事业协调发展的基础。部分专家强调，要用标准规范来促进国内各大艺术科研院所、演艺团体之间的合作。行业标准是为我国文化艺术事业发展制定共同遵守的规则，要促进文化艺术事业健康快速发展，则必须促进艺术科研院所、演艺团体之间的合作，建立共享共建合作机制。

2. 文化艺术资源标准化是提升国家文化竞争力的需要。

一些受访专家强调，当今世界，技术标准与知识产权之间的联系越来越密切，发达国家和跨国公司意图将专利标准化，形成国际标准或事实上的国际标准，以获得最大的经济利益，标准化已成为专利技术的最高体现形式。拥有完善的标准和法规体系的欧美国家往往凭借苛刻的技术法规、商品标准保护本国企业，打压其他国家的企业。我国许多产业因为标准化水平低，根本无法与海外企业竞争，更不用说建立自己的技术壁垒。掌握了标准的制定权便是掌握了国际竞争中的话语权。“标准竞争已成为国际上继产品、品牌竞争之外，一种层次更高、意义更大、影响更广的竞争手段。”尤其是在文化艺术产业领域，标准与知识产权的结合，使得标准不仅成为解决国际贸易争端的仲裁依据，也是国际市场准入的重要门槛。完善标准化体系，将全面提升我国文化艺术产业的国际竞争力，维护我国在国际标准化中的利益，让“中国标准”国际影响力和贡献力大幅提升，迈入世界标准强国行列。

3. 我国文化艺术资源标准化工作的基础和意义。

受访专家们普遍认为，我国文化艺术资源十分丰富，尤其是新中国成立以来，文化系统各级部门及有关科研机构通过组织实施文化艺术资源的普查、整理，抢救和保存了一大批文化艺术基础资料，包括录音、录像、图片、图形、实物、文案等等，内容涵盖面广、品类全、分类细、质量高；加之新中国成立以来各级各类文化艺术表演团体的演出活动、文艺创作、艺术研究、艺术教育、文化交流等档案资料；这些资料构成了中国文化艺术的“基因库”，它对于传承和保护非物质文化遗产，推动民族文化的创新发展具有极为重要的意义。

4. 现行文化艺术资源标准成果数量及归口单位问题。

大多数受访专家认为，近年来国内现行有关文化艺术资源标准规范在数量上和质量上有一定提升，为全国文化艺术事业发展提供了必要的技术支撑，作用日益显现，但还要进一步扩充和完善。首先是文化艺术资源标准规范的体系范畴需要划定，涉及业务范围需要确定。现行文化艺术资源标准规范主要集中在音乐、美术个别使用工具的制作上，覆盖面过于局限，不能满足我国文化艺术事业发展的需要，因此标准化建设所应涉及的业务范围还需有较大拓展。其次是文化艺术资源标准规范的归口问题。受访专家一致认为，近年来我国文化艺术资源标准的制修订计划的归口有不明确的现象，许多标准本应归口于文化管理部门，但实际上却归口到其他非文化管理部门，应予以重视。再次是标准规范要注重统筹协调的问题。受访专家一致强调，要加强不同系统之间文化艺术资源标准规范的协调，以提高其兼容性；要强加不同行业之间标准规范的统筹，以提高标准规范的实施效果。

（二）构建文化艺术资源标准化技术体系

受访专家认为，在文化艺术资源标准化技术体系结构框架的设计方面，应首先划定基本范畴，在顶层设计上下真功夫，为长远规划做好基础研究；其次要努力建立健全标准规范体系，扩展现有文化艺术资源标准规范的服务形态和服务对象；再次要优化监督和评价机制，明确效能评价的全面性；还要加强文化艺术资源标准规范的学术研究与交流，应在充分调研国际发展、国内需求的基础上提出我国现行文化艺术资源标准规范体系基本架构，出台有效办法，鼓励有研究能力的机构参与项目申报研究；同时要加强文化艺术资源标准规范方面的信息交流，加强在更广范围的标准规范研究与实施领域的业务协作。

1. 文化艺术资源的数字化加工、元数据需要标准规范

受访专家认为，资源数字化加工方面的标准，在具体工作中应和具有指导意义的实施指南相配套。关于资源建设、标引著录、数字化加工、元数据、服务等标准规范很多，包括资源数字化加工、元数据仓储建设、政府公开信息等数字资源著录和标引等内容，但目前使用的标准规范不够详细，缺少标准条例的解读以及著录和标引的样例范本，急需借鉴国际标准和国外经验，加强研究，在不断修订和完善的基础上，制定符合中国国情的文化艺术资源著录与标引规范。在文化行业标准规范尚不完备的情况下，应借鉴国内其他行业的相关标准，形成符合本行业工作实际的一套科学的标准规范。

2. 各地区、各民族文化艺术资源需要标准规范

受访专家认为，既要有统一，又要有个性；既具体又宏观。一方面在大范围内要统一标准规范的约束力度，执行统一标准，标准规范是资源共建与服务协同的基础，一旦有特例、个例，标准规范就不再“标准”和“规范”。另一方面，在小范围内，对于个性特点较强的艺术资源，标准规范应依照实际情况区别对待，不能一概而论；要根据服务人口和社会需求，以及各地图书馆发展的实际情况制定适合不同地区发展的文化艺术资源标准规范；标准规范可以针对特定的主体、特定事项制定的，主体之间存在差异；可以通过标准的扩展机制来解决统一性问题；或为标准规范制订普遍适用的底线基准。

3. 表演艺术类文化艺术资源在生产、创造过程需要标准规范

有艺术院团方面专家提出，艺术创作、表演服务工作，尤其是传统文化艺术生产，既要坚持传承弘扬优秀民族文化，坚定文化自信，坚守中华文化立场，突出民族风格、地域特色，不忘本来、吸收外来、面向未来，推进传统文化创造性转化、创新性发展；又要坚持推动文艺创新，适应群众对更好精神文化生活的新期待，坚持和发扬与火热的时代生活紧密联系的艺术品格，着力在艺术创作的内容、形式、风格和演出形式、表演手段上进行探索和创新，努力创作更多接地气、传得开、留得下的优秀作品。因此，应加强对文艺作品创作各阶

段工作的程序化和流程化的标准研制，开展文艺演出效果、群众满意度和宣传内容了解程度的考察、评价、持续改进等标准化工作。

4. 文化艺术资源的生产设备需要标准规范

有舞台美术方面专家提出，表演类艺术在生产过程中所用设施、装备，因有便携、耐用、轻便等需求，需要相关技术标准和产品标准。此类设施设备装备包括：排练场所（舞蹈、声乐、器乐排练厅）演出剧场；演出车辆、流动舞台车和器材设施；演出相关的服饰和道具：适用恶劣环境和气候特点演出的相关服饰、道具等产品，这些均需产品标准。另外，还有乐器设备设施等装备、服饰、道具等日常存运、保养及外出演出的贮运、保养管理，除乐器以外的装备的搬运、运输、保护、保养等工作，又需要技术标准、管理标准等。①

5. 民族传统服饰类文化艺术资源的保护需要标准规范

有民族服饰文化方面专家提出，标准化作为保护和传承民族传统文化遗产的技术支撑，首先是要通过科学的分析来界定可被传承和发展的民族传统文化资源，其次是通过规范化的管理来固化可持续发展的保护措施和传承模式。此外，由于师徒和家庭制的个人传承方式终将伴随着文化同化现象而被动地向依靠大众的社会传承转变，所以运用标准化的统一、简化和协调原理不仅能科学地分析和梳理民族服饰文化在传承方式转变过程中的各个环节，还能在繁杂多变的社会传承过程中尽量科学、准确地描述和记录民族服饰的种类、款式、图案纹样等特色文化元素，以求能够维护民族历史文化内涵与保护传承模式的内在统一。

① 陈爱国、徐晓强、石宇：《标准化视角下优秀传统文化的发展——以乌兰牧骑为例》，《中国标准化》，2021年19期，第71–73页。

第六章　文化艺术资源标准化技术体系的构建

文化艺术资源标准化技术体系的构建既是一个理论问题，也是一个长期持续的实践问题，需要一个从实践中来、到实践中去、不断探索前行的过程。

第一节　文化艺术资源标准化技术体系的构建原则

根据文化艺术资源标准体系的内涵和作用，在编制文化艺术资源标准化技术体系的过程中，应充分按照GB/T 13016-2009《标准体系表编制原则和要求》[①]中的规定，不仅应注重总体上的分类合理性和结构科学性，考虑文化艺术基础资源领域的不断发展和应用对标准提出的不断更新、扩展和延伸的研究，还要注重与现行的相关国际标准和国家标准的相互衔接。为了满足这些要求，在标准体系框架编制过程中应遵循以下两个基本原则。

一、主导性与多元性

标准的制订由谁来主导，这涉及文化艺术资源的主体性问题。标准化工作是一项全局性、战略性的工作。西方发达国家一般采取政府授权民间机构管理国家的标准化活动，美国、英国、欧盟、日本、俄罗斯都是如此。我国目前有专门的标准化管理机构，即国家标准化管理委员会。在标准化工作中，强调以企业为主体。但文化部门有其自身的特殊性，文化产业还处于起步阶段，行业发展时间短，各方面积累较弱，单纯依靠行业自身的力量，很难在短期内完成各项急需标准的制定和宣传贯彻工作。因此，在相当长的一个时期，必须明确政府主导这一重要原则。必须加强政府宏观指导和政策导向，大力推动标准化规划的实施。

① 《GB/T 13016-2009标准体系表编制原则和要求[S]》，2009年5月6日。

但同时也要注意，过去实践中，也出现政府主导过度、民间（社会）参与不足或文化持有者主体性身份不明，甚至主体性失语等问题。标准制订的主体也应该适当多元化、多样化。行政标准、制度性标准等只能由政府主导，社会各界广泛参与；技术标准和业务（专业）标准则应由专业人群组成的行业类协会主导，政府以及学者等相关人员广泛参与。不同标准制定的主导者不同，但参与者均应多元化。

总之，应该处理好政府主导和共同参与的关系问题。文化艺术资源标准化工作是一项公益性的工作，同时也是全局性、战略性的工作，因此要特别强调“政府主导”的原则；同时，还要分清政府、行业协会和企业三者的责任，要善于利用市场的力量，根据国家的需要和文化艺术行业发展的需要，鼓励相关行业协会、企业参与文化艺术标准的制定。

二、普遍性和特殊性

文化艺术资源标准化工作，既具有一般标准化工作的共性，同时又有其特殊性。推动文化艺术资源标准化工作的发展，要将标准化工作的普遍原则与文化艺术行业的具体情况相结合，将学习发达国家的先进经验与中国国情相结合。兼顾好系统性和专业性的结合、本土化和国家化的结合。

系统性和专业性相结合。系统性是标准体系中各个标准之间内部联系和区别的体现，而专业性是指某类标准共同具有的专业背景或专业技术。标准的制定不能碎片化，应该按照系统化的思想进行顶层设计，科学布局。标准的结构体系是密切关联、相互渗透的整体，在编制标准体系过程中，在内容和层次上要充分体现系统性和专业性，按照标准体系的编制要求和组成原则，恰当地编排各个类目，做到层次合理、分明；标准类目之间体现出既相互依存、有序衔接，又相互独立、不交叉重复的关系。鉴于文化行业标准化基础薄弱，完成标准体系建设非一日之事，标准化工作要面向文化建设的中心工作，重点加强基础性标准、行业急需标准以及涉及公共文化安全和文化环境保护的标准建设，逐步开展面向社会的文化服务标准、技术标准、管理标准、基础标准等各项工作。

本土化与国际化相结合。目前国际上出现了“标准趋同”的大趋势。为了制约和消除技术贸易壁垒，世界各国的标准都在向国际标准靠拢，国际标准的数量扶摇直上，国际标准化机构日益壮大，活动空前频繁。孤立的国家标准，很难有发展前途。所以，要积极采用国际标准和国外先进标准，加强与国际有关标准组织的交流与合作，学习和借鉴国外先进的标准化经验，全面提升我国文化艺术产品和文化服务的国际竞争能力。同时，在条件成熟的领域，要争取我国的标准成为国际标准或事实上的国际标准，以站在标准化和文化艺术产业的制高点上。

三、科学性与实用性

科学性是标准化的最基本原则，标准体系的科学性直接关系到该体系能否对文化艺术基础资源领域起到积极、稳定和长久的正面作用。实用性表明，标准体系是否与实际情况相符合，是标准化研究中最重要的基本原则。科学性与实用性相结合就是理论与实践相结合在科研中的具体体现。在构建标准体系框架和提出新的标准研制项目时，要积极引入先进的管理理念、业务模式和前沿技术，充分考虑到文化艺术基础资源领域未来发展的方向和特点。但同时也要考虑到目前的需求和技术水平，使标准体系能够根据科学技术和标准的发展以及需求的变化而不断进行扩充和完善。

同时，还要做好通用性与兼容性相结合。通用性是指使标准体系不易受系统变化和业务运作模式变化的影响；而兼容性是指要充分体现优先采用国家标准，积极采用国际标准和国外先进标准的精神，保持本标准体系与它们的一致性和兼容性。标准的制定既要考虑实际情况，更要考虑各层级的法律法规及规范性文件的要求，做好衔接、统一工作，将标准作为法律法规及规范性文件的补充与细化，做到协调一致。①

第二节　我国文化艺术资源标准化技术体系构建

文化艺术资源标准化技术体系构建是一个系统工程，它既呈现行业、技术等维度殊异，又表现为“标准”级别、性质的不同。如从标准的级别来看，主要有国家标准、行业标准、地方标准和团体标准、企业标准等；从标准的性质来看，国家标准又分为强制性标准与推荐性标准，而其他标准均为推荐

① 王海瀛：《福建省非物质文化遗产保护标准化现状及对策》，《中国标准导报》，2016年8月，第42—53页。

性标准。

一、标准体系组成

根据GB/T 13016-2009《标准体系表编制原则和要求》，文化艺术资源标准化技术体系包括下列内容：

标准体系的层次结构图：由多个相互制约、相互作用、相互依赖和相互补充的分体系组成，每个分体系根据需要再划分为若干不同的分支；

标准明细表：包含文化艺术基础资源标准化建设所需的现有的、正在制订的和应予制订的所有标准（包含国标和信息技术的行标）。

据此，本报告结合社会发展的需要、文化艺术基础资源领域工作的需求及应用，提出了文化艺术资源标准化技术体系框架。

文化艺术资源标准化技术体系包括：

基础通用标准分体系（术语和图形符号）、保护与利用标准分体系、信息化建设标准分体系（分类与编码、数据元、元数据）、管理与服务标准分体系等，并根据实际需求进行二级类目的划分。

二、分体系说明

（一）基础通用标准分体系

基础通用标准分体系是指：在文化艺术基础资源标准化建设中所需的具有基础性、通用性及总体性等特点的标准规范。从功能上看，基础通用标准分体系是文化艺术资源标准化技术体系的重要组成部分，为文化艺术基础资源标准化工作提供宏观指导。基础通用标准应满足文化艺术基础资源标准化建设的总体目标、总体规划的要求。

该分体系主要研制文化艺术基础资源术语、图形符号、标准体系、标准化工作导则等基础通用类标准，如：

——文化艺术 基础资源 基础术语

——文化艺术 基础资源 图形符号

——文化艺术资源标准化技术体系

——文化艺术标准化工作导则

（二）保护与利用标准分体系

该分体系主要研制有关文化艺术资源的收集、整理、存储、开发利用及数字化等工作技术标准。

（三）信息化建设标准分体系

信息化建设标准分体系是指文化艺术基础资源信息化建设中相关的信息分类与编码、数据元、元数据、数据库等标准。例如：

——文化艺术基础资源核心元数据

——文化艺术基础资源分类与编码规范

（四）管理与服务标准分体系

该分体系主要研制有关文化艺术资源的调查、发掘、管理、研究、保护、展示等工作技术标准。

三、标准化技术体系的维护与管理

本文虽然给出了文化艺术资源标准化技术体系的层次结构和发展蓝图，指出了未来文化艺术基础资源标准化工作重点和发展方向，但是它并不是一成不变的，标准体系的层次结构及标准明细表会随着技术的进步和管理理念的更新而不断发展、变化。

为了能够适应技术的进步和管理理念的更新，本标准体系采用PDCA的循环发展模式：

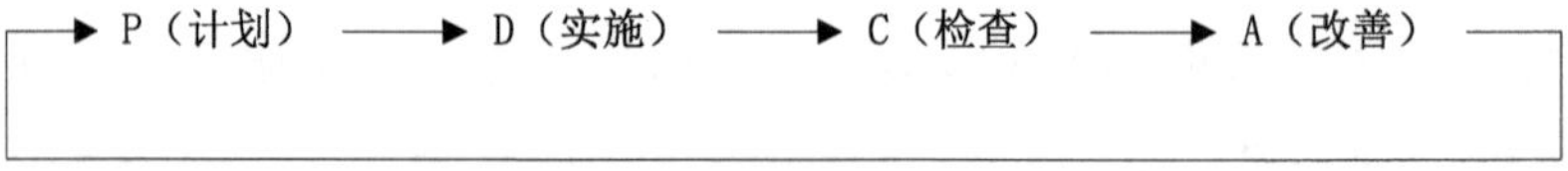

文化艺术资源标准化技术体系的PDCA循环发展模式

其中：

P（Plan）：为达到良好的目标，需要研究如何做好工作。对于第一次循环而言就是建立标准体系，之后的循环就是对其进行不断的改进。

D（Do）：贯彻执行体系。

C（Check）：定期或不定期检查、评审标准化工作的进展和实施情况。

A（Action）：如果检查的结果与预期的结果不一致，则进行分析研究，找出原因，并提出解决问题的计划P（Plan）。

因此，建立标准体系只是PDCA循环的第一个周期的第一个环节，做好其他环节并且不断进行PDCA循环将是更为艰巨的工作。PDCA循环是螺旋上升的，每进行一次循环，标准体系就将得到一次改进。

四、文化艺术资源标准化技术体系（拟）

文化艺术资源标准化技术体系结构图

序号	分类号	标准名称	标准级别	急需程度	备注
1. 基础通用标准分体系					
1.1 术语					
1.	1.1.1	文化艺术资源基础通用术语			
2.	1.1.2	民间文学类资源专用术语			
3.	1.1.3	表演艺术类资源专用术语			
4.	1.1.4	造型艺术类资源专用术语			
5.	1.1.5	民俗节庆类资源专用术语			
6.	1.1.6	非物质文化遗产专用术语			
（待扩展补充）					
1.2 图形符号					
7.	1.2.1	文化艺术资源基础通用图形符号			
8.	1.2.2	民间文学类资源专用图形符号			
9.	1.2.3	表演艺术类资源专用图形符号			
10.	1.2.4	造型艺术类资源专用图形符号			
11.	1.2.5	民俗节庆类资源专用图形符号			
12.	1.2.6	非物质文化遗产专用图形符号			
（待扩展补充）					
1.3 标准化指南					
13.	1.3.1	文化艺术资源领域标准体系编制规则			
14.	1.3.2	文化艺术资源标准化工作导则			
（待扩展补充）					
2. 资源收集与保护标准分体系					
2.1 资源收集与整理					
15.	2.1.1	文化艺术资源收集与整理通用技术要求			
16.	2.1.2	民间文学类资源收集与整理技术规程			
17.	2.1.3	表演艺术类资源收集与整理技术规程			
18.	2.1.4	造型艺术类资源收集与整理技术规程			
19.	2.1.5	民俗节庆类资源收集与整理技术规程			
20.	2.1.6	非物质文化遗产收集与整理技术要求			
（待扩展补充）					
2.2 资源保护与利用					
21.	2.2.1	文化艺术资源保护与利用通用技术要求			
22.	2.2.2	实物类文化艺术资源保护与利用技术规程			

序号	分类号	标准名称	标准级别	急需程度	备注
23.	2.2.3	文献类文化艺术资源保护与利用技术规程			
24.	2.2.4	信息类文化艺术资源保护与利用技术规程			
25.	2.2.5	空间类文化艺术资源保护与利用技术规程			
26.	2.2.6	非物质文化遗产资源保护与利用技术要求			
					（待扩展补充）
3. 信息化建设标准分体系					
3.1 资源分类与编码					
27.	3.1.1	文化艺术资源分类与代码			
28.	3.2.2	文化艺术资源分级与代码			
					（待扩展补充）
3.2 资源元数据					
29.	3.2.1	文化艺术资源 元数据			
30.	3.2.2	表演艺术类资源 元数据			
31.	3.2.3	造型艺术类资源 元数据			
32.	3.2.4	民俗节庆类资源 元数据			
33.	3.2.5	非物质文化遗产 元数据			
					（待扩展补充）
3.3 资源数据元					
34.	3.3.1	文化艺术资源基础数据元			
35.	3.3.2	表演艺术类资源 数据元			
36.	3.3.3	造型艺术类资源 数据元			
37.	3.3.4	民俗节庆类资源 数据元			
38.	3.3.5	非物质文化遗产 数据元			
					（待扩展补充）
3.4 资源信息系统					
39.	3.4.1	文化艺术资源信息系统基本功能规范			
40.	3.4.2	文化艺术资源数据库建设技术要求			
					（待扩展补充）
4. 资源管理与服务标准分体系					
4.1 资源管理					
41.	4.1.1	文化艺术资源调查管理规范			
42.	4.1.2	文化艺术资源保护管理规范			
43.	4.1.3	文化艺术资源库建设技术要求			
					（待扩展补充）
4.2 资源服务					
44.	4.2.1	文化艺术资源普及服务规范			
45.	4.2.2	文化艺术资源服务质量评价规范			
					（待扩展补充）

文化艺术资源标准化技术体系明细表（拟）

文化艺术资源标准化技术体系明细见表 A.1。在表 A.1 中，列出了目前所规划的标准体系各类目下的所有标准。对于每一个标准，按“序号 / 标准名称 / 标准编号 / 标准状态 / 标准级别 / 备注”等各项内容列出，其中：

——序号：标明了该标准在标准体系明细表中的按前后位置排列的总顺序号，便于统计标准的数量；

——标准名称：标准的名称；

——标准编号：该标准作为国际标准或国家标准的编号；如果没有以标准的形式发布，没有标准编号，可以用其发布的文件号代替。对正在编制中的或规划中的国际标准或国家标准，该项为空；

——标准状态：包括“已颁”“在编”和“拟编”三种状态。凡有标准号的国际标准和国家标准均为“已颁”标准，在“标准状态”中不表示；“在编”包括该标准处于标准的征求意见稿、送审稿或报批稿阶段；“拟编”表示拟制订的标准；

——标准级别：本研究报告中标准级别主要分为国家标准和行业标准两类，其中国家标准用“GB”表示；

——备注：上述内容外还需要说明的内容。

表 A.1

序号	标准名称	标准编号	标准状态	标准级别

第七章　文化艺术资源标准化实践案例

经过多年发展，文化艺术资源标准化工作已经取得了一定的成绩，一批标准制修订成果涌现。这些实践可以为未来的标准化工作提供有益的借鉴。以下列举两个案例，供读者参考。

第一节　通用性标准：文化艺术基础资源元数据著录规范

为规范我国传统文化艺术基础资源元数据的著录、整理、管理和应用工作，特制定《中国传统文化艺术基础资源元数据著录规范》（以下简称“本规范”）。

中国传统文化艺术基础资源是指以中国传统文化艺术为记录内容，以文本、音频、视频或音视频相结合为表现形式，以数字化存储为载体的有关资料。

该规范参考了国内外以下规范及标准：

（1）The Dublin Core Metadata Element Set

（2）《广播电视音像资料编目规范》（GY/T 202.1-2004 GY/T 202.2-2007）

（3）科技部科技基础条件平台专项资金项目《我国数字图书馆标准规范建设》资助，项目编号 2003DEA4T035”

（4）国家图书馆专门元数据标准与著录规范——音频资源　　成果编号：GC-HD0 09 90 01 19 92 2

（5）国家文化科技提升计划《国家文化资源信息平台建设技术标准》

（6）科技部科技基础性工作专项资金重大项目研究成果《地方志描述元数据著录规则》

一、总则

1. 适用范围

本规范的适用范围包括国内各类传统文化艺术资源的搜集、整理、汇编、数字化转化及存储等著录有关环节。

适用的资源类型包含：文本、音频、视频或音视频。

2. 适用对象

中国传统文化艺术资源包括单一的文本、音频、视频或音视频相结合形式组成的资料，或由数个文本、音频、视频或音视频相结合形式组成的资料系列。

3. 术语

（1）元素名称

指资源元数据或对应修饰词的唯一性标识。

（2）修饰词

指用于对某一元素的内涵进行细分，对该元素的外延进行界定，以提升该元素的精确指向性和界定唯一性的词汇。

（3）英文标识

指用英文单词或词组对某一元素或修饰词的名称进行转述的标识。

（4）是否必选

指某一元数据或修饰词是否在著录中必须出现，包括必选、有则必选、可选等三类。

（5）是否可重复

指某一元数据或修饰词能否在著录多次出现，包括可重复及不可重复两类。

二、内容框架

中国传统文化艺术资源著录规范的框架性内容包括以下表格中的相关内容：

中国传统文化艺术信息资源数据库著录规范框架

序号	元素名称Elements	修饰词Refinements	是否必选	是否可重复
1	识别码 Identifier		必选	不可重复
		系统编码Inventory ID	必选	不可重复
		人工编码Artificial ID	必选	不可重复
2	题名 Title		必选	不可重复
		正题名Title Proper	必选	不可重复
		其他题名Other Title	有则必选	可重复

续表

3	主题 Subject				必选	不可重复
		艺术门类 Art Classification			必选	可重复
			一级分类First Level Of Art Classification		必选	可重复
			二级分类Second Level Of Art Classification		有则必选	可重复
			三级分类Third Level Of Art Classification		有则必选	可重复
			四级分类Forth Level Of Art Classification		有则必选	可重复
			五级分类Fifth Level Of Art Classification		有则必选	可重复
		民族属性 Ethnic Group			有则必选	可重复
			一级分类（汉族or少数民族）First Level Of Ethnic Group		有则必选	不可重复
			二级分类（民族）Second Level Of Ethnic Group		有则必选	不可重复
			三级分类（支系）Subgroup		有则必选	可重复
		社会属性 Social Attributes			有则必选	可重复
			一级分类First Level Of Social Attributes		有则必选	可重复
			二级分类Second Level Of Social Attributes		有则必选	可重复
		艺术形态类别 Art Form Category	时代属性Times Property		有则必选	不可重复
			组成要素Elements		有则必选	可重复
				一级分类First Level Of Elements	有则必选	可重复
				二级分类Second Level Of Elements	有则必选	可重复
				三级分类Third Level Of Elements	有则必选	可重复
			脚色行当Character		有则必选	可重复
				一级分类First Level Of Character	有则必选	可重复
				二级分类Second Level Of Character	有则必选	可重复
			艺术流派Art School		有则必选	可重复
			表演形式Performing Form		有则必选	可重复
			结构体式Structure		有则必选	不可重复
			曲牌板式Song Pattern	曲牌名Song Pattern	有则必选	可重复
				板式 Beats Pattern	有则必选	可重复
			律吕宫调 Tonality&Mode	民间调式称谓Folk Music Mode Name	有则必选	可重复
				工尺谱系统称谓Gong Che Mode Name	有则必选	可重复
				简谱系统称谓Numbered Musical Notation Mode Name	有则必选	可重复
				《九宫大成》系统称谓Jiu Gong Da Cheng Mode Name	有则必选	可重复
		相关主题类别 Related Subject			有则必选	可重复
			一级分类First Level Of Related Subject		有则必选	可重复
			二级分类Second Level Of Related Subject		有则必选	可重复
			三级分类Third Level Of Related Subject		有则必选	可重复
		资源属性分类 Resources Classification			必选	可重复
			一级分类First Level Of Subject Classification		必选	可重复
			二级分类Second Level Of Resources Classification		有则必选	可重复
			三级分类Third Level Of Resources Classification		有则必选	可重复
		其他分类 Other Classification			可选	可重复
			分类法Classification		可选	不可重复
			所属类别Class Name		必选	可重复
		关键词Keywords			必选	可重复

续表

4	描述 Description	摘要Abstract		有则必选	可重复
		目次Table Of Contents		可选	不可重复
		注释Annotation		可选	不可重复
		译文Translation		可选	不可重复
		获奖Awards		可选	可重复
			奖项名称Name Of Awards	可选	不可重复
			获奖年度或届次Year Or Time Of Awards	可选	不可重复
			颁奖单位Awarder	可选	可重复
5	型式Type			必选	不可重复
6	相关人物/组织 Related People/ Organization			有则必选	可重复
		人物/组织名称Name		必选	不可重复
		责任方式Role		必选	可重复
		人物信息 Related People Reformation	民族Nationality Of Related People	有则必选	不可重复
			籍贯 Birthplace Of Related People	有则必选	不可重复
			性别 Gender Of Related People	有则必选	不可重复
			年龄Age Of Related People	有则必选	不可重复
			文化程度Education Level Of Related People	有则必选	不可重复
			职业/职称Vocation Of Related People	有则必选	可重复
7	时间 Temporal			有则必选	可重复
		时间类型 Temporal Type		有则必选	不可重复
		历史纪年 Historical Calendar	起始时间From (Historical Calendar)	有则必选	不可重复
			结束时间To（Historical Calendar）	有则必选	不可重复
		公元纪年 AD Calendar	起始时间From (AD Calendar)	有则必选	不可重复
			结束时间To (AD Calendar)	有则必选	不可重复
8	空间 Spatial			有则必选	可重复
		空间类型Spatial Type		有则必选	不可重复
		地域/地点名称Place Name	时地名Historical Place Name	有则必选	可重复
			今地名Present Place Name	有则必选	可重复
			其他地名Other Place Name	有则必选	可重复
		行政区划 Administrative Division	一级：省/直辖市/自治区Province/ Municipality	有则必选	可重复
			二级：市/地区City	有则必选	可重复
			三级：区/县/县级市County	有则必选	可重复
			四级：乡/镇Town	可选	可重复
			五级：村落/街道Village	可选	可重复
		场地Venues		有则必选	可重复
		经纬度Longitude/Latitude		可选	可重复
9	语言Language			必选	可重复
10	关联Relation	包含Has Part		有则必选	可重复
		包含于Is Part Of		有则必选	可重复
		参照 Refer		有则必选	可重复
		有格式为Has Format		有则必选	不可重复

续表

11	来源Source	出处/源资料名称Name References		有则必选	不可重复
		源资料归属The Source Data Of Belonging		有则必选	不可重复
		源资料创建者Creator of References	名称Name Of References Creator	有则必选	不可重复
			责任方式 Role Of References Creator	有则必选	可重复
		国际标准书号/国际标准音像制品编码ISBN/ISRC		有则必选	不可重复
		页码Page		有则必选	不可重复
		出入点Starting Point&Ending Point		有则必选	不可重复
		源资料格式类型References Format		有则必选	不可重复
		获取方式Acquisition Method		有则必选	可重复
		源资料提供者Provider of References		有则必选	可重复
		源资料典藏单位Repository Name		有则必选	可重复
12	出版Publish			有则必选	不可重复
		出版者Publisher		有则必选	可重复
		出版时间Publication Date		有则必选	不可重复
		出版地Place Of Publication		有则必选	不可重复
13	数字化信息 Digital Object Information			必选	不可重复
		数字化格 式Digital Object Format		必选	不可重复
		大小Size		有则必选	不可重复
		时长Duration		有则必选	不可重复
		分辨率（解析度）Digital Specification		可选	不可重复
		音/视频数据码率Audio/Video Bit Rate		可选	不可重复
		音频采样频率Audio Sampling Frequency		可选	不可重复
		声道数Number Of Channels		可选	不可重复
		储存地址File Path		有则必选	不可重复
		显示级别Display Type		可选	不可重复
		备份光盘存放编号CD Number		有则必选	不可重复
14	权限Rights			有则必选	不可重复
		授权者Holder		有则必选	不可重复
		授权起止时间Rights Date		有则必选	不可重复
		授权条款License		有则必选	不可重复
15	著录信息 Recording Information			必选	不可重复
		著录者Recorder		必选	不可重复
		著录时间Recording Time		必选	不可重复
		更新记录者Modifier		有则必选	可重复
		更新记录时间Modified Date		有则必选	可重复
		审核者Metadata Auditor		必选	不可重复
		审核时间Metadata Audito Time		必选	不可重复
		管理机构Metadata Management		必选	不可重复
16	备注Note			有则必选	可重复

三、细则

1. 识别码

英文标识：Identifier

定义：指某一中国传统文化艺术资源在著录规范中所具有的唯一的、不可变更的标识号。

1.1 系统编码

英文标识：Inventory ID

定义：系统自动生成的著录资源的唯一标识。

是否必选：必选

是否可重复：不可重复

注释：系统自动生成

编码体系修饰词：无

1.2 人工编码

英文标识：Artificial ID

定义：著录人员根据一定编码规则制作的编号；一般由艺术类别编号、人工编号等多部分组成。

是否必选：必选

是否可重复：不可重复

注释：根据《中国传统文化艺术基础资源数据条目编码规范》进行编码。

编码体系修饰词：无

示例：

民间故事：张瞎话智斗老虎（出自《中国民间故事集成·北京卷》）

人工编码：10010673

2. 题名

定义：指某一传统文化艺术资源所具有的名称或题目。

英文标识：Title

2.1 正题名

英文标识：Proper Title

定义：指用于明确界定某一传统文化艺术资源的正式名称或题目。

是否必选：必选

是否可重复：不可重复

注释：正题名是实体资源的正式名称。实体资源没有明确题名信息的，应通过以下方式确定正题名：1.选取实体资源内容中的主题词作为正题名；2.选取实体资源内容中的时间信息作为正题名；3.选取实体资源内容中的关键性语词作为正题名。优先从实体资源内容本身中提取正题名。提取的正题名不宜过长，不要有标点，应遵循明确简洁的原则。

编码体系修饰词：无

示例：

正题名：空城记

2.2 其他题名

英文标识：Other Title

定义：除正题名外的其他题名。

是否必选：有则必选

是否可重复：可重复

编码体系修饰词：无

示例：

题名：牡丹亭

其他题名：还魂记、The Peony Pavilion

3. 主题

定义：主要用于描述某一中国传统文化艺术资源主要内容的主题词或关键词。

英文标识：Subject

3.1 艺术门类

英文标识：Art Classification

定义：可用于准确表述某一中国传统文化艺术资源所属艺术门类的词或词组。

是否必选：有则必选

是否可重复：可重复

注释：分五级著录。尽量使用控制词汇，如无对应词汇则选“其他”或开放自行输入。

编码体系修饰词：《中国传统文化艺术基础资源数据库管理系统可控词表》（主题 · 艺术门类）

示例：

正题名：打夯

艺术门类：（一级分类）音乐；（二级分类）民间歌曲；（三级分类）号子；（四级分类）工程号子；（五级分类）打夯号子。

3.2　民族属性

英文标识：Ethnic Group

定义：可用于准确表述某一中国传统文化艺术资源所具有的民族属性的词或词组。

是否必选：有则必选

是否可重复：可重复

注释：分三级著录。一级分类，使用控制词汇，填写“汉族”或“少数民族”；二级分类，使用控制词汇，填写民族名称；三级分类，开放输入。

编码体系修饰词：《中国传统文化艺术基础资源数据库管理系统可控词表》（主题 · 艺术形态 · 民族属性）或《中国民族表》

示例：

正题名：贵妃醉酒

艺术形态——民族属性：（一级分类）汉族

3.3　社会属性

英文标识：Social Attributes

定义：可用于准确表述某一中国传统文化艺术资源社会属性的词或词组。

是否必选：有则必选

是否可重复：不可重复

注释：分两级著录。使用控制词汇，如无对应词汇，则选“其他”或开放输入。

编码体系修饰词：《中国传统文化艺术基础资源数据库管理系统可控词表》（主题 · 艺术形态 · 社会属性）

示例：

正题名：古琴

艺术形态——社会属性：文人

3.4　艺术形态

英文标识：Art Form Category

定义：可用于准确表述某一中国传统文化艺术资源所具有的艺术形态特征的词或词组。

是否必选：有则必选

是否可重复：不可重复

3.4.1　时代属性

英文标识：Times Property

定义：可用于准确表述某一中国传统文化艺术资源时代属性的词或词组。

是否必选：有则必选

是否可重复：不可重复

注释：使用控制词汇。

编码体系修饰词：传统；新编。

示例：

正题名：贵妃醉酒

艺术形态——时代属性：传统

3.4.2　组成要素

英文标识：Elements

定义：可用于准确表述某一中国传统文化艺术资源在其所属综合艺术门类中所具有的某一组成要素属性的词或词组。如，艺术门类“戏曲”为综合艺术，其组成要素包括“表演”“音乐”“舞美”“文学”等项；戏曲剧本便属于“文学”要素。

是否必选：有则必选

是否可重复：可重复

注释：分三级著录。使用控制词汇，如无对应词汇，则选“其他”或开放输入。

编码体系修饰词：《中国传统文化艺术基础资源数据库管理系统可控词表》（主题·艺术形态·组成要素）

示例：

艺术资源：京剧《贵妃醉酒》伴奏音频资料

艺术门类：（一级分类）戏曲

艺术形态——组成要素：（一级分类）音乐；（二级分类）器乐。

3.4.3　脚色行当

英文标识：Character

定义：可用于准确表述某一中国传统文化艺术资源，主要是戏曲资源内容，涉及角色行当属性的词或词组。

是否必选：有则必选

是否可重复：可重复

注释：分两级著录。使用控制词汇，如无对应词汇，则选“其他”或开放输入。

编码体系修饰词：《中国传统文化艺术基础资源数据库管理系统可控词表》（主题·艺术形态·脚色行当）

示例：

艺术资源：梅兰芳《贵妃醉酒》音频资料

艺术门类：（一级分类）戏曲

艺术形态——组成要素：音乐

艺术形态——脚色行当：（一级分类）旦角；（二级分类）正旦。

3.4.4　艺术流派

英文标识：Art School

定义：可用于准确表述某一中国传统文化艺术资源，涉及艺术流派属性的词或词组。

是否必选：有则必选

是否可重复：可重复

注释：使用控制词汇，如无对应词汇，则选“其他”或开放输入。

编码体系修饰词：《中国传统文化艺术基础资源数据库管理系统可控词表》（主题·艺术形态·艺术流派）

示例：

艺术资源：梅兰芳《贵妃醉酒》音频资料

艺术流派：梅派

3.4.5 表演形式

英文标识：Performing Form

定义：可用于准确表述某一中国传统文化艺术资源，主要是表演艺术资源，涉及表演形式的词或词组。

是否必选：有则必选

是否可重复：可重复

注释：使用控制词汇，如无对应词汇，则选“其他”或开放输入。

编码体系修饰词：《中国传统文化艺术基础资源数据库管理系统可控词表》（主题·艺术形态·表演形式）

示例：

艺术资源：民歌《绣荷包》音频资料

表演形式：独唱

3.4.6 结构体式

英文标识：Structure

定义：可用于准确表述某一中国传统文化艺术资源，主要是艺术作品结构体式的词或词组。

是否必选：有则必选

是否可重复：不可重复

注释：使用控制词汇，如无对应词汇，则选“其他”或开放输入。

编码体系修饰词：《中国传统文化艺术基础资源数据库管理系统可控词表》（主题·艺术形态·结构体式）

示例：

艺术资源：民歌《绣荷包》音频资料

结构体式：曲目

3.4.7 曲牌板式

英文标识：Song Pattern

定义：可用于准确表述某一中国传统文化艺术资源，主要是戏曲作品，涉及曲牌板式属性的词或词组。

是否必选：有则必选

是否可重复：可重复

注释：分曲牌名、板式两项著录。使用控制词汇，如无对应词汇，则选“其他”或开放输入。

编码体系修饰词：《中国传统文化艺术基础资源数据库管理系统可控词表》（主题·艺术形态·曲牌板式）

示例：

艺术资源：昆曲《牡丹亭·游园》“原来姹紫嫣红开遍”唱段音频资料

曲牌板式：（曲牌）皂罗袍；好姐姐。

3.4.8 律吕宫调

英文标识：Tonality&Mode

定义：可用于准确表述某一中国传统文化艺术资源，主要是音乐作品，涉及律吕宫调属性的词或词组。

是否必选：有则必选

是否可重复：不可重复

注释：分民间调式称谓、工尺谱系统称谓、简谱系统称谓、《九宫大成》系统称谓四项著录。使用控制词汇，如无对应词汇，则选“其他”或开放输入。

编码体系修饰词：《中国传统文化艺术基础资源数据库管理系统可控词表》（主题·艺术形态·律吕宫调）

示例：

艺术资源：昆曲《牡丹亭·游园》“原来姹紫嫣红开遍”唱段音频资料

律吕宫调：（工尺谱系统称谓）小工调；（简谱系统称谓）1=D。

3.5 关涉主题

英文标识：Related Subject

定义：可用于准确表述某一中国传统文化艺术资源所具有除艺术本体特征以外的其他主题词或词组。如“教育”“科研”“创作”“评论”等主题词。

是否必选：有则必选

是否可重复：不可重复

注释：分三级著录。使用控制词汇，如无对应词汇，则选“其他”或开放输入。

编码体系修饰词：《中国传统文化艺术基础资源数据库管理系统可控词表》（主题·相关主题）

示例：

艺术资源：著作《中国戏曲史》

相关主题：（一级分类）研究；（二级分类）历史；（三级分类）通史。

3.6　资源属性

英文标识：Resources Classification

定义：可用于准确表述某一中国传统文化艺术资源存在样态和性质的词或词组。

是否必选：有则必选

是否可重复：可重复

注释：分三级著录。使用控制词汇，如无对应词汇，则选“其他”或开放输入。

编码体系修饰词：《中国传统文化艺术基础资源数据库管理系统可控词表》（主题·资源属性）

示例：

艺术资源：著作《中国戏曲史》

资源属性：（一级分类）文献；（二级分类）书刊；（三级分类）论著。

3.7　其他类别

英文标识：Other Classification

定义：可用于准确表述某一中国传统文化艺术资源在某一分类体系中所属类别的词或词组。

是否必选：可选

是否可重复：可重复

注释：分“分类法”“所属类别”两项著录，开放输入。

编码体系修饰词：无

示例：

艺术资源：箫

其他分类：（分类法）萨克斯分类法；（所属类别）气鸣乐器。

3.8　关键词

英文标识：Keyword

定义：表达艺术资源核心内容的词或词组。

是否必选：可选

是否可重复：可重复

注释：开放输入。选词时应遵循准确性、科学性、使用频率高、言简意赅的名词性词汇。

编码体系修饰词：无

示例：

正题名：《红楼梦》

关键词：林黛玉、贾宝玉

4. 描述

英文标识：Description

定义：中国传统文化艺术资源内容的说明。

4.1　摘要

英文标识：Abstract

定义：资源内容的摘录。

是否必选：有则必选

是否可重复：不可重复

注释：开放输入

编码体系修饰词：无

示例：

正题名：《赏花有时度曲有道》

内容摘要：《赏花有时·度曲有道：张卫东论昆曲》是著名昆曲艺术家、昆曲教育家张卫东先生的文章、访谈、讲座合集。张卫东先生崇古法、好雅乐，为传统昆曲艺术和老北京文化的传承者。其致力于研究、传播昆曲、八角鼓、古诗词吟诵、老北京美食等传统文化，亦批判当代社会之怪现状，《正宗昆曲大厦将倾》一文之微言大义曾引起很大反响。其文亦有老北京的京味俗语风格，娓娓道来，恰似唐鲁孙、齐如山之遗风余韵。

4.2　目次

英文标识：Table of Contents

定义：资源内容子单元的列表。

是否必选：可选

是否可重复：可重复

注释：开放输入

编码体系修饰词：无

示例：

艺术资源：著作《赏花有时度曲有道》

目录：

第一编

正宗昆曲 大厦将倾

这么救昆曲死得更快

……

第二编

漫话“清代宫廷昆曲”

……

附录

4.3　注释

英文标识：Annotation

定义：对资源内容的相关解释材料。

是否必选：可选

是否可重复：可重复

注释：开放输入

编码体系修饰词：无

示例：

艺术资源：(谚语) 武山的大米兰州的瓜，疼不过老子爱不过妈。

注释：兰州瓜，原产美国，名蜜露瓜，后因美国副总统华莱士携带来兰，瓜亦称“华莱士”，以示纪念。建国后甘肃省省长邓宝珊提议更名为“白兰瓜”，有“香如桂花，甜似蜂蜜”之誉。

4.4　译文

英文标识：Translation

定义：对非汉语表述资源内容的汉语翻译材料。

是否必选：可选

是否可重复：可重复

注释：开放输入

编码体系修饰词：无

示例：

艺术资源：蒙古小调歌词（蒙语）

译文：略（汉语）

4.5　获奖

英文标识：Awards

定义：艺术资源所涉获奖信息，一般指人物、作品曾获奖项信息。

是否必选：可选

是否可重复：可重复

注释：分“奖项名称”“获奖年度或届次”“颁奖单位”三项著录，开放输入。

编码体系修饰词：无

示例：

艺术资源：《孔繁森》

获奖信息：（奖项名称）“五个一工程”奖；（获奖年度或届次）第五届；（颁奖单位）中宣部。

5. 型式

英文标识：Type

定义：著录对象在外在形式方面的类型属性。

是否必选：必选

是否可重复：不可重复

注释：使用控制词汇，如无对应词汇，则选“其他”或开放输入。

编码体系修饰词：《中国传统文化艺术基础资源数据库管理系统可控词表》（型式）

示例：

正题名：《贵妃醉酒》

主题：京剧旦行梅派唱段

型式：曲谱

6. 相关人物/组织

英文标识：Related People/Organization

定义：与资源内容相关的人物或组织。

6.1 人物姓名

英文标识：Name

定义：与资源有关的人员、机构的名称。

是否必选：有则必选

是否可重复：可重复

注释：开放输入。

编码体系修饰词：无

示例：

正题名：《贵妃醉酒》

相关人物/组织名称：梅兰芳

6.2 责任方式

英文标识：Role

定义：指在数字化以前，与创建、发表该资源内容有关的人员、机构承担的责任。

是否必选：有则必选

是否可重复：可重复

注释：使用控制词汇，如无对应词汇，则选“其他”或开放输入。责任方式一般依文本原文著录。原文无法确定责任方式的，可以提取文本来源文献的责任方式著录。

编码体系修饰词：《中国传统文化艺术基础资源数据库管理系统可控词表》（相关人物/组织·责任方式）

示例：

正题名：《贵妃醉酒》

相关人物/组织名称：梅兰芳

责任方式：演唱

6.3　人物信息

英文标识：Related People Reformation

定义：指在数字化以前，与创建、发表该资源内容有关的人员的民族、籍贯、性别、年龄、文化程度、职业职称等信息。

是否必选：有则必选

是否可重复：不可重复

注释：分“民族”“籍贯”“性别”“年龄”“文化程度”“职业职称”等项目著录。“民族”“性别”“年龄”三项使用控制词汇，如无对应词汇，则选“其他”或开放输入。其中，年龄主要是指责任者与著录对象发生权责关系时的年龄；如民间故事的讲述者在讲述该作品时的年龄。其他项目开放输入。

编码体系修饰词：《中国传统文化艺术基础资源数据库管理系统可控词表》（相关人物/组织·人物信息）

示例：

正题名：太阳和月亮

相关人物/组织名称：李圣回

责任方式：讲述者

人物信息：（民族）畲族；（籍贯）福鼎县前岐镇罗唇村；（性别）男；（年龄）42；（文化程度）初小；（职业职称）农民。

7.时间

英文标识Coverage Temporal

定义：与资源主题内容有关的时间信息。

7.1　时间类型

英文标识：Temporal Type

定义：与资源主题内容有关的时间类型。

是否必选：必选

是否可重复：不可重复

注释：使用控制词汇，如无对应词汇，则选“其他”或开放输入。

编码体系修饰词：《中国传统文化艺术基础资源数据库管理系统可控词表》（时间·时间类型）

人物生卒年月 / 年代，事件起止时间 / 年代，物品存毁时间 / 年代，艺术作品创作时间 / 年代，艺术作品采集 / 录制时间，其他。

示例：

正题名：梅兰芳

时间类型：人物生卒年月 / 年代

7.2 历史纪年

英文标识：Historical Calendar

定义：与资源主题内容有关的具体历史时间，以历史纪念标记。

是否必选：有则必选

是否可重复：不可重复

注释：使用控制选项，按照著录规范提供的代码，填写时间。

示例：

正题名：小忽雷

时间类型：艺术作品创作时间 / 年代

历史纪年：康熙三十三年

7.3 公元纪年

定义：与资源主题内容有关的具体历史时间，以公元纪念标记。

是否必选：有则必选

是否可重复：不可重复

注释：使用控制选项，按照著录规范提供的代码，填写时间。

示例：

正题名：小忽雷

时间类型：艺术作品创作时间 / 年代

公元纪年：1694 年

8. 空间

英文标识：Spatial

定义：与该资源内容有关的空间。

8.1 空间类型

英文标识：Spatial Type

定义：与资源主题内容有关的空间类型。

是否必选：必选

是否可重复：不可重复

注释：使用控制词汇，如无对应词汇，则选“其他”或开放输入。

编码体系修饰词：《中国传统文化艺术基础资源数据库管理系统可控词表》（空间·空间类型）

人物籍贯或主要活动地，事件发生地，物品归属地，艺术作品产生或主要流布地，艺术作品和艺术信息采集/录制地，其他。

示例：

正题名：小忽雷

空间类型：艺术作品艺术作品产生或主要流布地

8.2　地域/地点名称

英文标识：Place name

定义：与该资源内容有关的空间的名称。

8.2.1　时地名

英文标识：Historical Place Name

定义：该资源内容形成、存在时的地名。

是否必选：有则必选

是否可重复：不可重复

注释：使用控制词汇，如无则开放输入。

编码体系修饰词：无

示例：

正题名：关汉卿

时地名：大都

8.2.2　今地名

英文标识：Present Place Name

定义：与时地名对应的现在的地名。

是否必选：有则必选

是否可重复：不可重复

注释：系统自动转换，或使用控制词汇，如无则开放输入。

编码体系修饰词：无

示例：

正题名：关汉卿

时地名：大都

今地名：北京

8.2.3　其他地名

英文标识：Other Place Name

定义：与资源内容相关的其他地名，如俗名。

是否必选：有则必选

是否可重复：不可重复

注释：开放输入。

编码体系修饰词：无

示例：

正题名：关汉卿

时地名：大都

今地名：北京

其他地名：京城

8.3　行政区划

英文标识：Administrative division

定义：与该资源内容有关的空间所属现代行政区划。

是否必选：有则必选

是否可重复：不可重复

注释：分五级填写。一级，省 / 直辖市 / 自治区；二级，市 / 地区；三级，区 / 县 / 县级市；四级，乡 / 镇；五级，村 / 里。前四级使用控制词汇，第五级开放输入。

编码体系修饰词：《中国传统文化艺术基础资源数据库管理系统可控词表》（空间 · 行政区划）或《中国地名表》

示例：

正题名：牛王庙戏台

今地名：临汾

行政区划：一级：山西省

二级：临汾市

三级：尧都区

四级：魏村镇

五级：魏村

8.4 场地

英文标识：Venues

定义：资源相关空间具体位置。

是否必选：有则必选

是否可重复：不可重复

注释：开放输入。

编码体系修饰词：无

示例：

正题名：牛王庙戏台

场地：魏村村口

8.5 经纬度

英文标识：Longitude/Latitude

定义：资源相关空间经纬度。

是否必选：有则必选

是否可重复：不可重复

注释：系统自动生成，如无则开放输入。

编码体系修饰词：无

举例：

正题名：牛王庙戏台

今地名：临汾

经纬度：东经:111.3 北纬:36.04

9. 语言

英文标识：Language

定义：资源所使用的语言。

是否必选：有则必选

是否可重复：不可重复

注释：语言的界定应以该中国传统文化艺术资源主要出现的语种为主，一般的出现频率原则上不应低于50%。对于不能辨别的某些语种，应以“外文”等进行明确的标注。

编码体系修饰词：《中国传统文化艺术基础资源数据库管理系统可控词表》（语言）或《中国语言表》

示例：

正题名：牛王庙戏台碑文

语言：中文（繁体）

10. 关联

英文标识：Relation

定义：指不同的中国传统文化艺术资源间存在的互相联系。

10.1　包含

英文标识：Has Part

定义：指某一中国传统文化艺术资源物理或逻辑上包含了另一个资源。

是否必选：可选

是否可重复：可重复

注释：使用系统工具查找、指定关联对象。

编码体系修饰词：无

示例：

正题名：《方亚芬舞台艺术集锦》

包含：条目（《啼笑因缘》唱段）

10.2　包含于

英文标识：Is Part Of

定义：指某一中国传统文化艺术资源是另一资源的物理或逻辑的组成部分。

是否必选：可选

是否可重复：可重复

注释：使用系统工具查找、指定关联对象。

编码体系修饰词：无

示例：

正题名：《啼笑因缘》唱段

包含于：条目（《方亚芬舞台艺术集锦》）

10.3 参照

英文标识：Refer

定义：指某一中国传统文化艺术资源与另一资源在内容上有相互参考关系。

是否必选：可选

是否可重复：可重复

注释：使用系统工具查找、指定关联对象。

编码体系修饰词：无

示例：

正题名：山西戏曲综述（类型：文本）

参考：条目（山西戏曲）（类型：图片）

10.4 有格式为

英文标识：Has Format

定义：指某一中国传统文化艺术资源与另一资源在内容上有一致性。

是否必选：可选

是否可重复：可重复

注释：使用系统工具查找、指定关联对象。

编码体系修饰词：无

示例：

正题名：《贵妃醉酒》（类型：乐谱）

有格式为：条目（《贵妃醉酒》）（类型：音频）

11. 来源

英文标识：Source

定义：某一中国传统文化艺术资源的获取方式和资料的提供者。

11.1 出处（源资料名称）

英文标识：Name of References

定义：记录与取得方式相关的人员或单位名称，或是出版品的书目信息。

是否必选：有则必选

是否可重复：可重复

注释：来源的著录遵从《文后参考文献著录规则》。来源与关联中的“是…的一部分”的信息相同，但来源部分一般不附加超链接。

编码体系修饰词：无

示例：

正题名：张文秀在亭前悲声大放

出处：《中国戏曲音乐集成·贵州卷》，中国ISBN中心，2002:180−182

11.2　源资料归属

英文标识：The Source Data Of Belonging

定义：源资料是否归属《中国民族民间文艺集成志书》及其归属类别，如，《中国民族民间文艺集成》省卷本、市卷本、县卷本和其他文献资料。

是否必选：有则必选

是否可重复：不可重复

注释：使用控制词汇。

编码体系修饰词：《中国传统文化艺术基础资源数据库管理系统可控词表》（来源·源资料归属）

示例：

正题名：张文秀在亭前悲声大放

出处：《中国戏曲音乐集成·贵州卷》，中国ISBN中心，2002:180−182

源资料归属：《中国民族民间文艺集成》（省卷本）

11.3　源资料创建者

英文标识：Creator of References

定义：创建源资料的个人或组织机构。

11.3.1　源资料创建者名称

英文标识：Name of Creator

定义：指用于明确说明主要完成某一中国传统文化艺术资源的个人或组织机构的名称。

是否必选：有则必选

是否可重复：可重复

注释：开放输入。

编码体系修饰词：无

示例：

正题名：张文秀在亭前悲声大放”

出处：《中国戏曲音乐集成·贵州卷》，中国ISBN中心，2002:180−182

源资料创建者名称：《中国戏曲音乐集成》全国编辑委员会，《中国戏曲音乐集成·贵州卷》编辑委员会。

11.3.2　责任方式

英文标识：Role of References Creator

定义：在源资料的创作过程中，作为创作者的个人或组织机构的职责属性，主要涵盖著作人、编纂者、编辑、责任编辑、录制者、出品人、制片人、监制、总监制、策划、总策划等信息。

是否必选：有则必选

是否可重复：可重复

注释：使用控制词汇，如无对应词汇，则选“其他”或开放输入。

编码体系修饰词：《中国传统文化艺术基础资源数据库管理系统可控词表》（相关人物/组织·责任方式）

编码体系修饰词：无

示例：

正题名：张文秀在亭前悲声大放

出处：《中国戏曲音乐集成·贵州卷》，中国ISBN中心，2002:180−182

源资料创建者名称：《中国戏曲音乐集成》全国编辑委员会，《中国戏曲音乐集成·贵州卷》编辑委员会。

责任方式：编纂

11.4　国际标准书号/国际标准音像制品编码

英文标识：ISBN/ISRC

定义：来源文献资料的原有标识符，如国际标准音像制品编码ISRC，或国际标准书号ISBN。

是否必选：有则必选

是否可重复：不可重复

注释：开放输入。国际标准音像制品编码是针对音像制品出版物制定的且仅适用于正式出版发行的音像资料的、按照国际标准组织机构批准使用的国际标准音像制品的编号。国际标准书号 ISBN 是专门为识别图书等文献而设计的国际编号。

编码体系修饰词：无

示例：

正题名：张文秀在亭前悲声大放

出处：《中国戏曲音乐集成·贵州卷》，中国ISBN中心，2002:180−182

源资料标识符：ISBN 7 — 5076 — 0190 — 0/J · 181

11.5 页码

英文标识：Page

定义：表明著录对象出自源资料正式内容的页码。

是否必选：有则必选

是否可重复：不可重复

注释：开放输入。

编码体系修饰词：无

示例：

正题名：张文秀在亭前悲声大放

来源——页码：180−182

11.6 出入点

英文标识：Starting Point−Ending Point

定义：表明著录对象出自源资料正式内容的页码或起止时间点。

是否必选：有则必选

是否可重复：不可重复

注释：使用系统工具输入。

编码体系修饰词：无

示例：

正题名：想当初

包含于：《红楼梦》

出入点：00:00:01:09 —— 00:00:20:08（备注：前四位数字为“小时”，五至六位为“分钟”，七至八位为“秒”）

11.7 源资料格式类型

英文标识：References Format

定义：源资料的实体形式。

是否必选：有则必选

是否可重复：不可重复

编码体系修饰词：《中国传统文化艺术基础资源数据库管理系统可控词表》（来源·源资料格式类型）

示例：

正题名：张文秀在亭前悲声大放

出处：《中国戏曲音乐集成·贵州卷》，中国ISBN中心，2002:180-182

源资料格式：图书

11.8 获取方式

英文标识：Acquisition Method

定义：资料获取方式，包括田野作业，文献转录、析出等方式。

是否必选：有则必选

是否可重复：可重复

注释：使用控制词汇，如无对应词汇，则选“其他”或开放输入。

编码体系修饰词：《中国传统文化艺术基础资源数据库管理系统可控词表》（获取方式）

示例：

正题名：《啼笑因缘》

获取方式：文献转录

11.9 源资料提供者

英文标识：Provider of References

定义：提供资料的人员或单位名称。

是否必选：有则必选

是否可重复：可重复

注释：开放输入。

编码体系修饰词：无

示例：

正题名："萤灯结彩花成双"

获取方式：田野作业

提供者：张三

11.10 源资料典藏单位

英文标识：Repository Name

定义：源资料的典藏单位名称。

是否必选：有则必选

是否可重复：不可重复

编码体系修饰词：无

示例：

正题名：张文秀在亭前悲声大放

出处：《中国戏曲音乐集成·贵州卷》，中国ISBN中心，2002:180−182

源资料典藏单位：文化部民族民间文艺发展中心

12. 出版

英文标识：Publish

定义：源资料版权物品正式出版相关信息。

12.1 出版者

英文标识：Publisher

定义：指完成源资料版权物品正式出版活动的组织。

是否必选：有则必选

是否可重复：不可重复

注释：开放输入。

编码体系修饰词：无

示例：

正题名："张文秀在亭前悲声大放"

出处：《中国戏曲音乐集成·贵州卷》，中国ISBN中心，2002:180−182

出版者：中国ISBN中心

12.2　出版时间

英文标识：Publisher Time

定义：指源资料版权物品正式出版的时间。

是否必选：有则必选

是否可重复：不可重复

注释：使用系统工具输入，若无则开放输入。

编码体系修饰词：无

示例：

正题名："张文秀在亭前悲声大放"

出处：《中国戏曲音乐集成·贵州卷》，中国ISBN中心，2002:180-182

出版时间：2002-01

12.3　出版地

英文标识：Publish Place

定义：指源资料版权物品正式出版的所在国家或地区。

是否必选：可选

是否可重复：不可重复

注释：开放输入。

编码体系修饰词：无

示例：

正题名：张文秀在亭前悲声大放

出处：《中国戏曲音乐集成·贵州卷》，中国ISBN中心，2002:180-182

出版地：中国·北京

13. 数字化信息

英文标识：Digital Object Information

定义：有关对源资料进行数字化处理过程的信息。

13.1　数字化格式

英文标识：Digital Object Format

定义：源资料数字化后的文件格式。

是否必选：可选

是否可重复：不可重复

注释：系统自动生成。或使用控制词汇；若无对应词汇，则选“其他”或开放输入。

编码体系修饰词:《中国传统文化艺术基础资源数据库管理系统可控词表》（数字化信息·数字化格式）

示例：

正题名：西厢记

数字化格式：MPEG

13.2　大小

英文标识：Size

定义：数字化文件的容量大小。

是否必选：可选

是否可重复：不可重复

注释：系统自动生成，或开放输入。

编码体系修饰词：无

示例：

正题名：西厢记

数字化格式：MPEG

大小：325MB

13.3　时长

英文标识：Duration

定义：数字化音视频文件的时长。

是否必选：可选

是否可重复：不可重复

注释：系统自动生成，或开放输入。

编码体系修饰词：无

示例：

正题名：西厢记

数字化格式：MPEG

时长：120m

13.4　分辨率（解析度）

英文标识：Digital Specification

定义：数字化图片、视频文件在画质上的像素值。

是否必选：可选

是否可重复：不可重复

注释：系统自动生成，或开放输入。

编码体系修饰词：无

示例：

正题名：西厢记

分辨率：1024×768

13.5　音/视频数据码率

英文标识：Audio/Video Bit Rate

定义：数字化音/视频文件在数据码流上的每秒传输比特值。

是否必选：可选

是否可重复：不可重复

注释：系统自动生成，或开放输入。

编码体系修饰词：无

示例：

正题名：游西湖

音频编码格式：MP3（MPEG Layer 3）、WAV

数据码率：24Kbi t/s

13.6　音频采样频率

英文标识：Audio Sampling Frequency

定义：表明某一传统文化艺术音像资源在进行数字化转换时所采用的音频采样频率。

是否必选：可选

是否可重复：不可重复

注释：系统自动生成，或开放输入。

编码体系修饰词：无

示例：

正题名：游西湖

音频编码格式：MP3（MPEG Layer 3）、WAV

音频采样频率：44KHz

13.7 声道数

英文标识：Number of Channels

定义：表明某一戏曲艺术音像资源的音频声源数量。

是否必选：可选

是否可重复：不可重复

注释：系统自动生成，或开放输入。

编码体系修饰词：无

示例：

正题名：《西厢记》

声道数：2（双声道）

13.8 储存地址

英文标识：File Path

定义：数字化文化在计算机中的储存地址与档案路径。

是否必选：可选

注释：系统自动生成，或开放输入。

是否可重复：不可重复

编码体系修饰词：无

示例：

正题名：《西厢记》

存储地址：//D ：/data01/data_win/备份

13.9 显示级别

英文标识：Display Type

定义：根据数字化资源对象的使用范畴确定的级别，分为浏览级、复制级、典藏级。

是否必选：有则必选

注释：使用控制词汇。

是否可重复：可重复

注释：1.浏览级供使用者网上浏览。复制级供使用者下载、打印。典藏级供保存、出版，精度和质量最高。2. 文本资源对象只分为浏览级和典藏级。典藏级格式为TXT格式。浏览级格式为PDF格式。

编码体系修饰词：浏览级、复制级、典藏级

示例：

正题名：《西厢记》

显示级别：浏览级

13.10　备份光盘存放编号

英文标识：CD Number

定义：储放备份光盘的光盘册序号及光盘编号。

是否必选：有则必选

是否可重复：不可重复

注释：开放输入。

编码体系修饰词：无

示例：

正题名：《西厢记》

备份光盘存放编号：Ex：01-BT0025

14. 权限

英文标识：Rights

定义：中国传统文化艺术资源的版权所有者。

14.1　授权者

英文标识：Holder

定义：源资料的著作财产权所有者。

是否必选：有则必选

是否可重复：可重复

注释：开放输入。

编码体系修饰词：无

示例：

正题名：《西厢记》

源资料著作财产权人：中国ISBN中心

14.2　授权起止时间

英文标识：Rights Statement

定义：该作品授权使用的状态与授权起讫时间。

是否必选：有则必选

是否可重复：不可重复

注释：开放输入。

编码体系修饰词：无

示例：

正题名：《西厢记》

源资料著作权授权状态：1900—1950

14.3　授权条款

英文标识：License

定义：正式授权对资源做后续运用的法律文件。

是否必选：可选

是否可重复：不可重复

注释：开放输入。

编码体系修饰词：无

示例：

正题名：《西厢记》

授权条款：CC 授权条件：姓名标示－非商业性－相同方式分享 3.0 台湾

15. 著录信息

英文标识：Recording Information

定义：有关中国传统文化艺术资源著录过程的信息。

15.1　著录者

英文标识：Recorder

定义：指对某一中国传统文化艺术资源进行规划性整理的组织、机构或自然人。

是否必选：必选

是否可重复：可重复

注释：系统自动生成，或开放输入。

编码体系修饰词：无

示例：

　　正题名：《西厢记》

　　著录人：王五

15.2　著录时间

英文标识：Recording time

定义：对某一中国传统文化艺术资源的著录最终形成时刻的表述。

是否必选：必选

是否可重复：不可重复

注释：系统自动生成，或开放输入。

编码体系修饰词：无

示例：

　　正题名：《西厢记》

　　著录时间：2015-6-1

15.3　更新记录者

英文标识：Modifier

定义：更新该中国传统文化艺术资源的人。

是否必选：可选

是否可重复：可重复

注释：系统自动生成，或开放输入。

编码体系修饰词：无

示例：

　　正题名：《西厢记》

　　著录人：张三

15.4　更新记录时间

英文标识：Modified Date

定义：更新该中国传统文化艺术资源的时间。

是否必选：可选

是否可重复：不可重复

注释：系统自动生成，或开放输入。

编码体系修饰词：无

示例：

正题名：《西厢记》

著录人：2015-11-1

15.5 审核者

英文标识：Metadata Auditor

定义：负责对中国传统文化艺术资源数据著录内容的准确性、完整性进行审核的个人。主要负责审核著录信息的完整性和准确性。

是否必选：必选

是否可重复：不可重复

注释：系统自动生成，或开放输入。

编码体系修饰词：无

示例：

正题名：《西厢记》

审核人：王五

15.6 审核时间

英文标识：Metadata Auditing Time

定义：对中国传统文化艺术资源数据著录内容审核的时间。

是否必选：必选

是否可重复：不可重复

注释：系统自动生成，或开放输入。

编码体系修饰词：无

示例：

正题名：《西厢记》

审核时间：2015-12-6

15.7 管理机构

英文标识：Metadata Management

定义：负责对中国传统文化艺术资源数据进行管理的机构。

是否必选：必选

是否可重复：不可重复

注释：系统自动生成，或开放输入。

编码体系修饰词：无

示例：

正题名：《西厢记》

管理机构：文化部民族民间文艺发展中心

16. 备注

英文标识：Note

定义：有关著录对象的其他相关信息。

是否必选：可选

是否可重复：不可重复

编码体系修饰词：无

示例：

正题名：《西厢记》

类型：MPEG

备注：10min处有断点，词句应为“和我们”。

第二节　专题性标准：音乐简谱记谱规格

该标准规定了音乐简谱记谱的基本规范，包括歌曲、器乐曲、戏曲曲艺音乐3个部分。该标准适用于各大艺术表演团体、教育机构、科研机构以及广大音乐文化产品贡献者、使用者，对中国音乐进行记录、保存、传播等工作领域。标准主要内容是：音乐记谱所涉及的调号、拍号、速度、表情术语、声部、音符、前奏、间奏、尾声、常用记号以及其他相关符号、术语等。

一、歌曲

1. 范围

本标准规定了歌曲简谱记谱应遵循的技术规范。本标准针对以文字、数字型音符，以及线条型时值符号等其他音乐符号的记录。记录对象可以是由人类歌唱而产生的音乐作品，也可以是以人声为主、以器乐为辅的音乐作品。

本标准适用于音乐书谱出版社、艺术表演创作团体、图书馆、档案馆、学校等，也适用于其他从事音乐创作、表演、教育、科研的部门。

2. 术语和定义

（1）调号

调号是为了建立新的宫系统而需用的变音记号，是按照一定的次序和位置记在谱号的后面的，这些记号叫做“调号”。调号总是只用同类的变音记号，即升记号或降记号。

（2）拍号

拍号是在乐谱中使用的符号，用分数的形式来标画。每一个乐谱前面都有拍号，中间如果改变节奏则会标出改变的拍号；拍号如同分数；如$\frac{2}{4}$、$\frac{3}{4}$等。

（3）表情记号

表情记号常用于音乐乐曲当中，一般用于体现乐曲的情绪，能更好地体现乐曲的情感。

（4）表情记号

表情记号是全世界通用的音乐力度记号，采用意大利文的缩写首字母做标记。

（5）间奏

间奏为一个汉语词汇，意思是歌剧各段间的器乐间奏，一般前奏演唱完毕后接着就是间奏。

（6）声部

在四部和声里，每一部叫做一个声部。器乐声部分高音、中音、次中音、低音；声乐声部分女高音、女低音、男高音、男低音。

（7）反复记号

音乐反复记号，是为了节省乐谱的空间，方便乐谱的书写而采取的省略方法的记录形式。主要分为“D.C.”记号、“D.S.”记号、“段落反复”记号和“反复跳越”记号。应用广泛，属于基本乐理。

3. 调号记法

（1）调号记在曲谱处的左上方，一律采用 **1 =$^\flat$B**、**1 = C**、**1 = D**……的记法。

（2）从 **1 = A** 开始，“**1**”以下的音都用低音点记谱，**1 =$^\flat$A**、**G**、**F**……等

依次类推。

从 **1**＝♭**B** 开始，“**1**”以上的音（包括“**1**”音在内）都用高音点记谱，**1**＝**B**、**C**、**D**……等依此类推。

例：

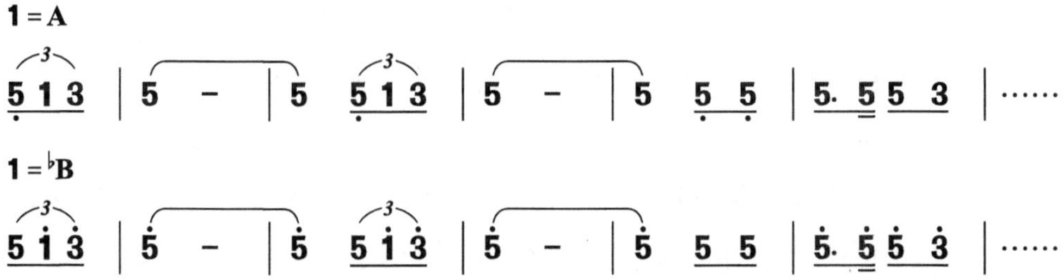

（3）歌曲在中间转调时，转调开始处应标记新调号，如下例 **1**＝**C** 转 **1**＝**F** 时，应记成 **1**＝**F**（前 **6**＝后 **3**）或（前 $\dot{\mathbf{2}}$＝后 **6**）。注意“**1**”的位置应对准转调后第一个音，括号内所标的高音一般是采用前调的末音或新调的首音，并尽量避免出现升降号。例：

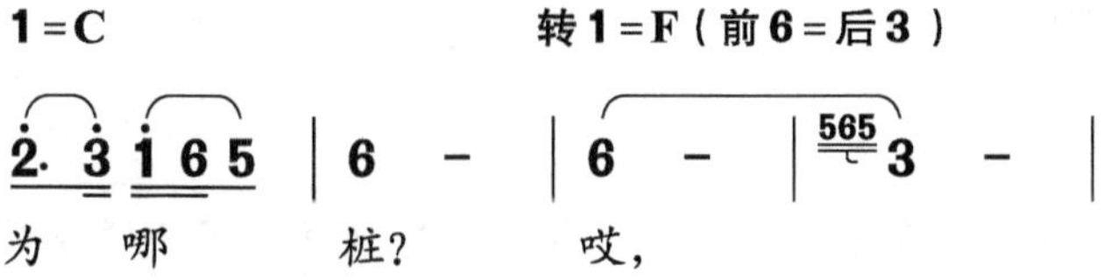

4. 拍号记法

（1）拍号一律写在曲首的调号之后，如 **1**＝**C** $\frac{2}{4}$。

（2）歌曲中临时改变节拍时，须在变换节拍处标出新拍号。例：

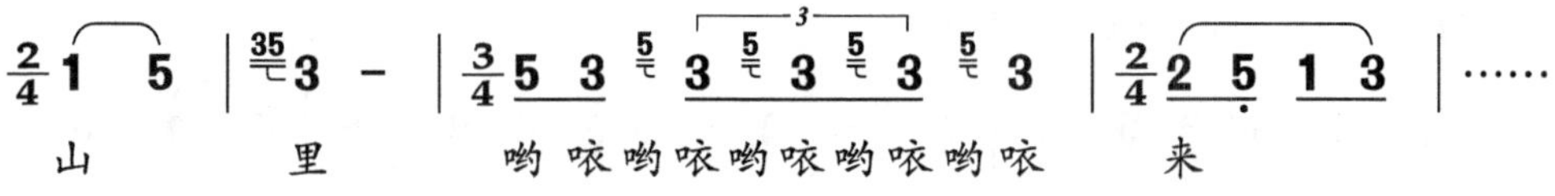

（3）几种拍子在歌曲中有规律地或频繁变化出现时，可将几种拍号并列写于曲首的调号之后，如 **1**＝**C** $\frac{2}{4}$ $\frac{3}{4}$ $\frac{4}{4}$，而不是在变换节拍处再一一标出。

（4）混合节拍的拍号，可在括弧内标明节拍结构，如 $\frac{5}{4}$（$\frac{2}{4}$ $\frac{3}{4}$），或用虚小节线表示。

（5）歌曲中遇有节拍自由的段落，用“サ”标记。小节线用虚线标记。

（6）多声部歌曲在改变节拍时，每个声部都要标出新节拍号。

5. 速度、表情术语记法

（1）基本速度，如快速（或快板）、中速（或中板）、慢速（或慢板）等和表情术语如雄壮地、活泼地等，都写在曲首并位于调号、拍号之下。

（2）速度术语在前，表情术语在后。二者并用时，中间空一格，不加顿号；同类术语并用时，中间加顿号，如：中速、豪迈、有力地。

（3）临时速度术语一般用中文标记，如渐慢、渐快、原速等，而不用外文 *rit*、*accel*、*a tempo* 等表示。

（4）为表示音乐的准确速度，用“每分钟＝××拍”或“♩＝××”等标记。

（5）歌曲中临时改变速度时，要注意其前后的变化关系，如一首歌曲按“中速→稍慢→原速→稍慢”的速度变化进行时，如歌谱中未将“原速”标出，则显然是一种疏漏和错误。

6. 声部记法

（1）声部名称用女高、女中、女低、男高、男中、男低、领、独、齐、合等标记，写在连谱号之前。

例①

例②

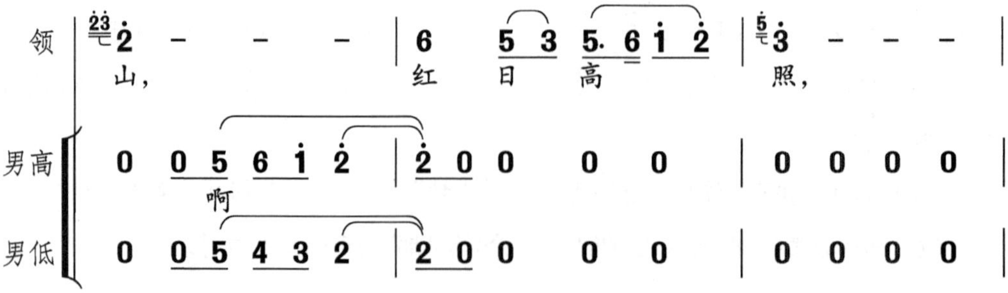

（1）声部中需要再分部时，可用Ⅰ、Ⅱ加以标明。例：

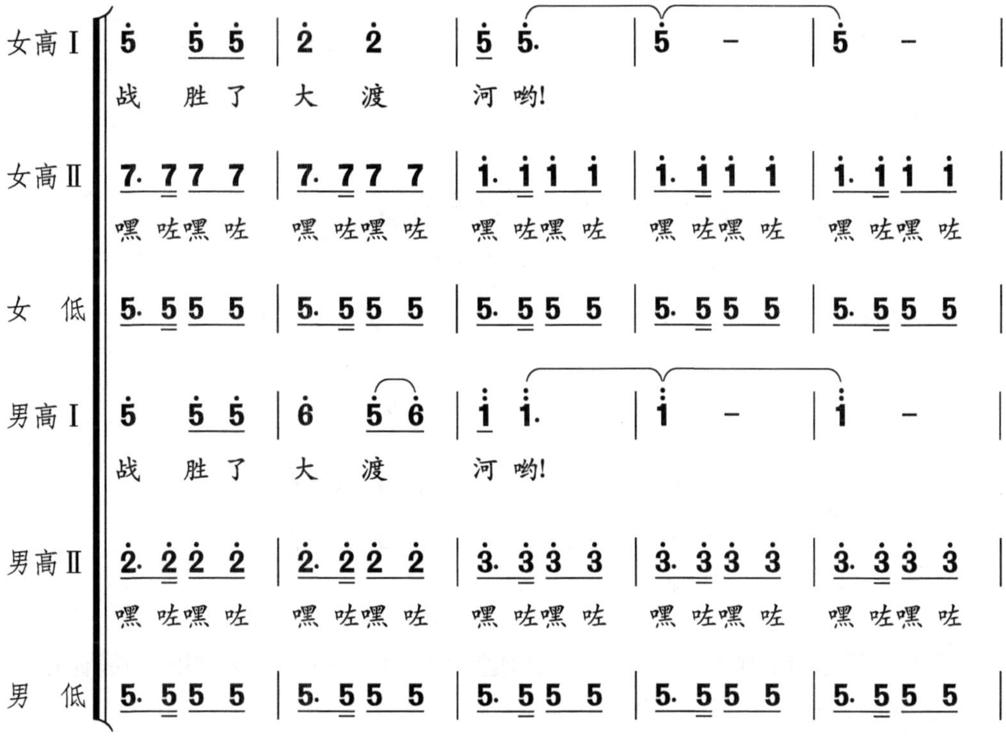

（3）如果是女生合唱、女生重唱或者男声合唱、男声重唱，则可在曲名下方标明演唱形式，而不必在连谱号之前再标记女高、女低或男高、男低。

（4）歌曲如由中间分声部或变换声部时，最好另行起排；如版面不允许，则将变换的声部名称分别写在曲谱的上方。例：

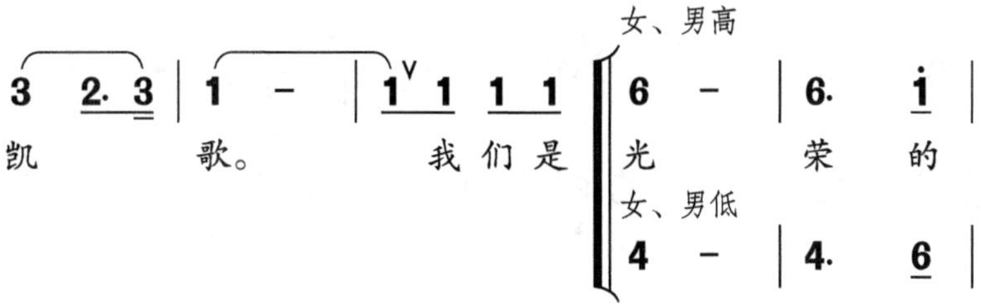

（5）声部名称如写在歌词之前，需加括号，以有别于歌词。例：

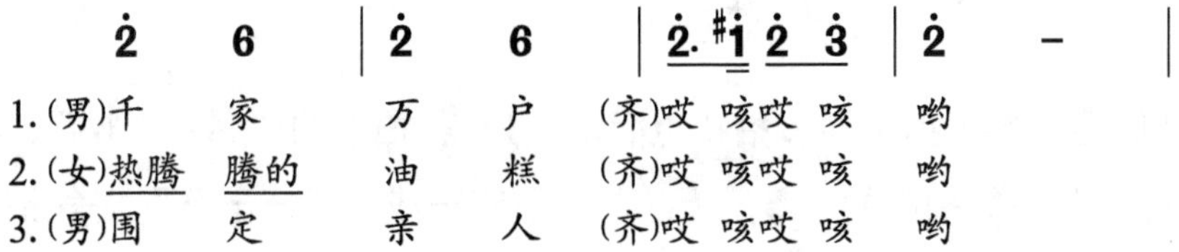

（6）歌曲临时有单声部分为二声部时，可用“{ }”标记，歌曲结束处的“}”号可以省略。

例①

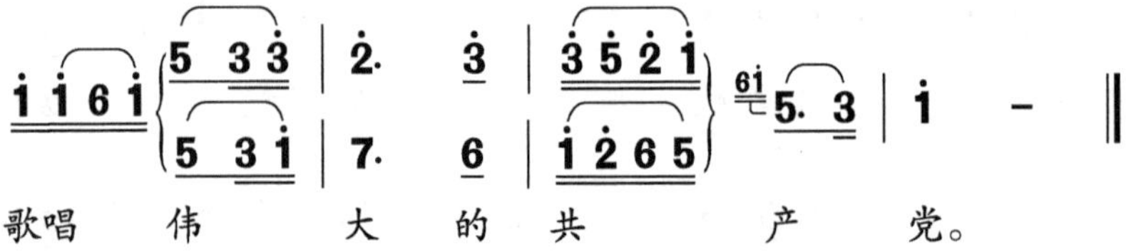

例②

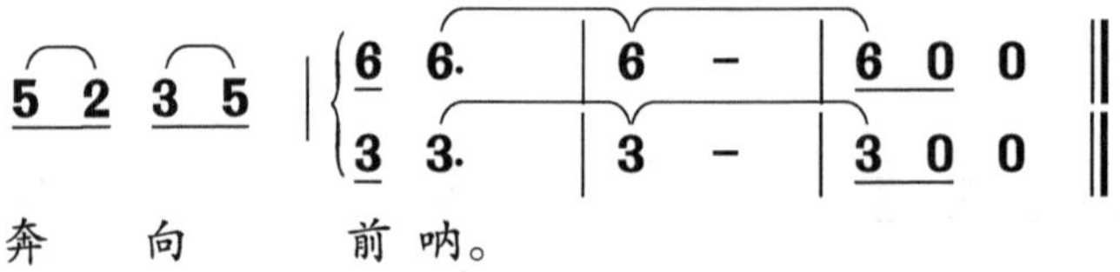

（7）多声部歌曲中的音符位置，须根据时值上下对齐，各声部的小节线要分开。

7. 音符记法

（1）每延长一拍（在一小节内以四分音符作一拍），用增时线“–”标记，写成“**1 –**、**1 – –**、**1 – – –**”，而不用“**1 1**、**1 –.**、**1 –.–**”。

（2）休止符须逐个记出，一般不用附点和增时线，如：

“$\frac{2}{4}$ **1 0 0** | **0 0** |、$\frac{3}{4}$ **0 0 0** |、$\frac{4}{4}$ **0 0 0 0** |”，而不用

“$\frac{2}{4}$ **1 0.** | **0 –** |、$\frac{3}{4}$ **0 – –** |、$\frac{4}{4}$ **0 –. –** |”。

（3）$\frac{3}{8}$ 拍的时值线以小节为单位进行组合，而不以八分音符为单位进行划分。例：

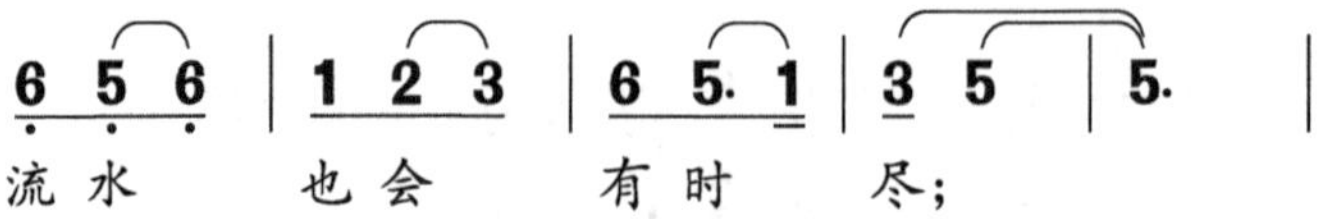

（4）音值组合要根据不同节拍特点而定，如 $\frac{6}{8}$ 拍中的“**1. 1.**”，不应记成“**1 – –**”；$\frac{2}{2}$ 拍中的“**5 – 5 –**”，不应记成“**5 – – 5**”；$\frac{2}{4}$ 拍中的“**1 1 1 1 1 1**”不应记成“**1 1. 1 1 1**”等。

8. 前奏、间奏、尾奏记法

（1）前奏、间奏、尾奏的开始和结束一律加记括号。

例①

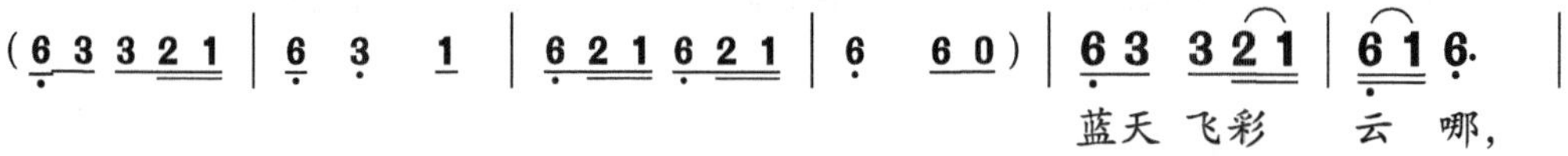

例②

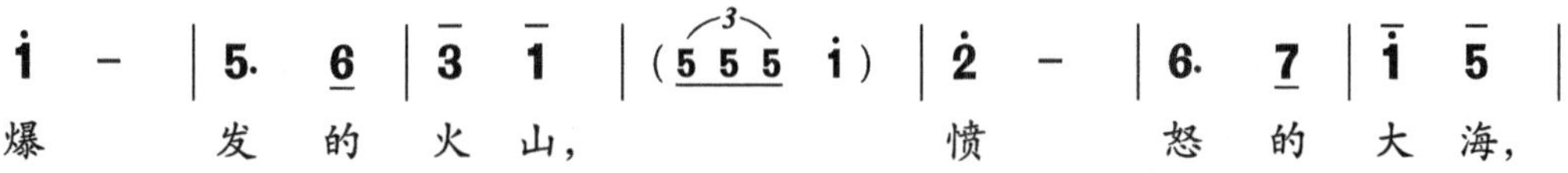

例③

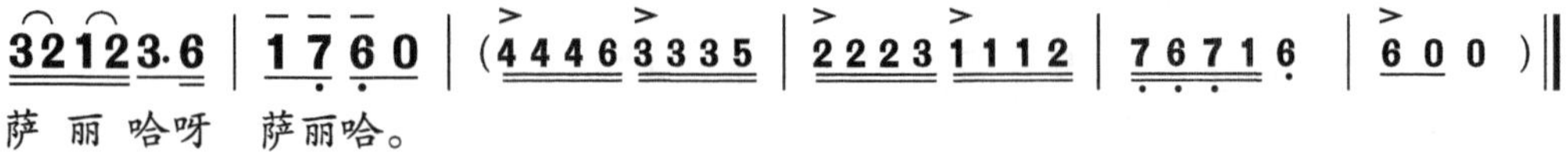

（2）间奏与唱腔同时进行时，间奏置于唱腔的上方，用小一号音符排版。结尾处的小节线一般可省略；但反复号不可省略。

例①

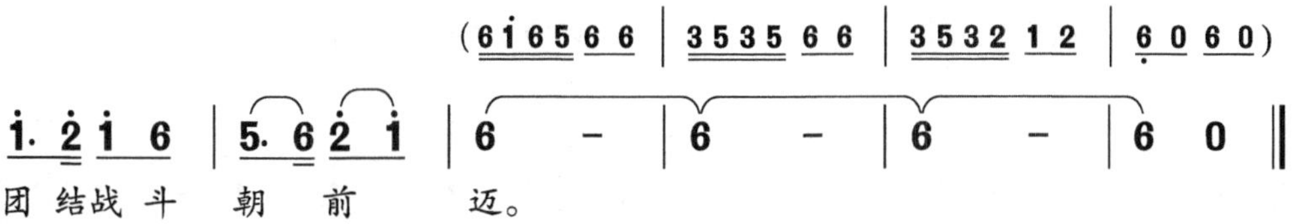

例②

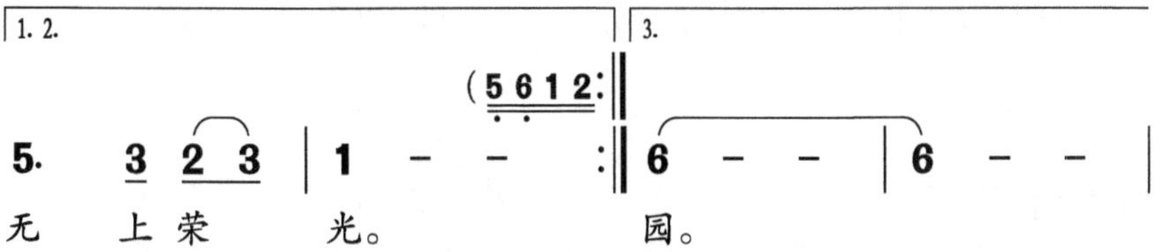

（3）当唱腔停止而间奏仍延续进行时，唱腔用休止符标记，间奏仍置于歌谱上方，到歌谱转行后即可将间奏移下。例：

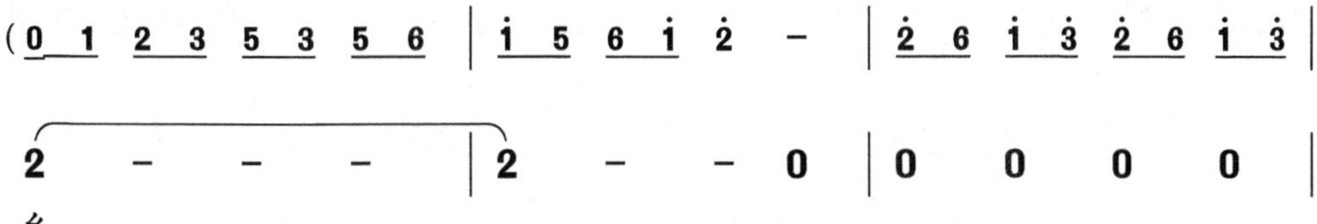

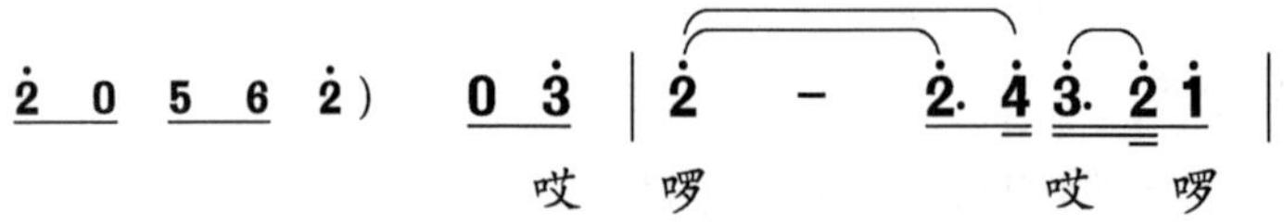

（4）前奏、间奏、尾奏一般不加连线和换气记号，特殊需要例外。

9. 反复记号的使用

（1）反复号要注意前后呼应，有头有尾。

（2）曲调自始至终完全相同的分节歌（多段词），不必加反复号，如《三大纪律八项注意》。

（3）两小节以内的反复号一般不用，而应将歌谱再记一次。例：

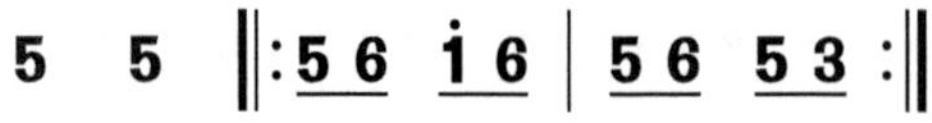
应记成：

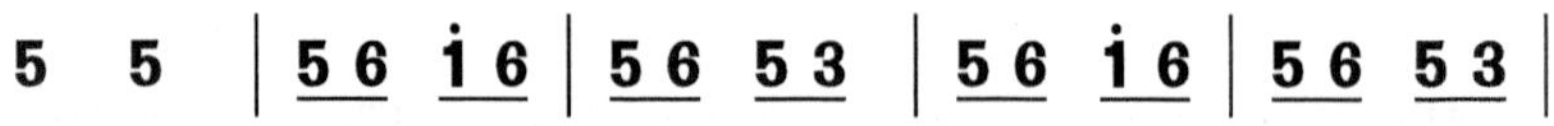

（4）从头反复的歌曲，曲首不加‖:记号，反复后的结尾不同，用方括号（房子）⌈1. :‖⌈2. ‖标记；三段词以上的可简记成⌈1.-3.⌉。

（5）同段歌词反复后，结尾不同的，用罗马字标记。例：

（6）反复后的歌曲段落较长，方括号（房子）可只划两小节，不封口。例：

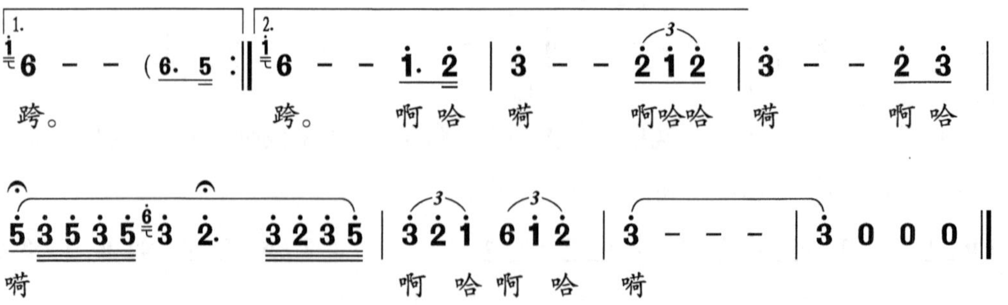

（7）多声部歌曲，方括号（房子）⌈ ⌉只记在第一行，下面声部不记。

（8）歌曲如由三部分组成，而第三部分是第一部分的完全重复，即可在第二部分结束处用双细线并在其下标记 D.C.（从头反复），在第一部分结束处用终止线并加写曲终表示。如：

（9）如果第三部分重复时，不是从头开始，则在第二部分结束处用双细线并在其下标记D.S.（从记号 𝄋 处反复），在反复处开始处用双细线并在其上标记 𝄋 。

如：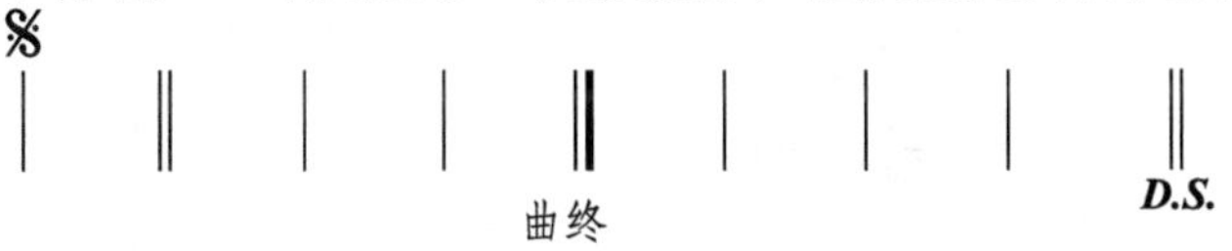

（10）歌曲反复至中间结束时，如结束不同，应加“结束句”，予以标明。例：

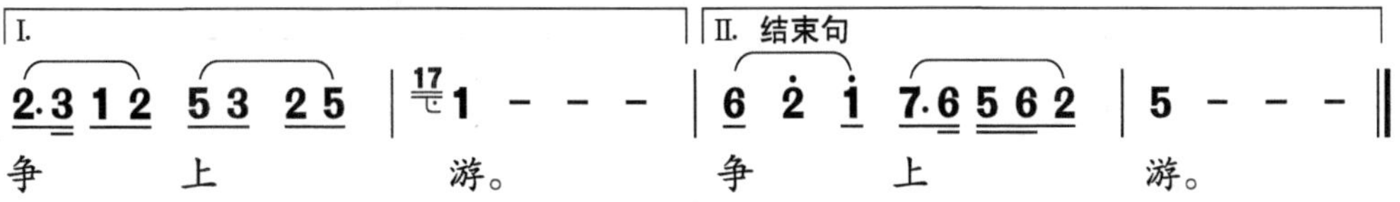

参考文献

［1］人民音乐出版社总编室．音乐编辑手册［M］．北京：人民音乐出版社，1994

［2］《中国民族民间器乐曲集成》编辑工作组．中国民族民间器乐曲集成编辑工作手册．中国民族音乐集成编辑办公室，1984

二、器乐曲

1. 目录

（1）曲集包括作品在3首以下一般不排目录。

（2）曲集品在3首以上可增排目录。

（3）目录中列入作品标题、作者、页码。

2. 乐队编制表及演奏符合说明

（1）乐队编制表或乐器表一般情况下可以省略，如有需要则应标明乐器名称件数，以及定音（或标明简音、或标明定弦、或标明音域、或标明弦数）。

（2）乐队编制表的排列次序如下：

乐器名称	件数	定音	简谱 1 = D
长膜笛	1		5
高音笙	1	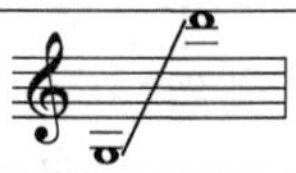	$\sharp\underset{\cdot}{4}$ — $\overset{:}{1}$
唢　呐	2		5
扬　琴	2		$\underset{\cdot}{1}$ — $\overset{:}{3}$
琵　琶	2	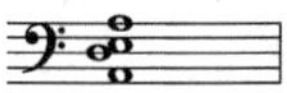	$\dot{5}$ $\dot{2}$ $\dot{1}$ $\underset{\cdot}{5}$

3. 乐曲记谱规格

（1）标题

① 标题在正中，曲作者或传谱者、演奏者、采录者、记谱者等署名居右侧。

② 单行本的独奏曲或合奏曲，一般在封面、内封均已标明，正文标题下可不再加“独奏曲”“合奏曲”字样。

③ 如是器乐曲综合选集，则应在每首作品标题下分别注明乐曲演奏形式，但不必加括号。如：

军民团结心连心
吹打乐合奏曲

刘汉林曲

（2）调号

① 一律用宫音高度标记，如 **1 =A**、**1 =D**等，写在标题下方左侧；如果是唢呐、笛子等吹管乐器的独奏曲，应标明“筒音”并加圆括号，写在调号右方。如：

五 字 开 门

1 =$^\flat$B（筒音作2）

② 如果是拉弦乐曲，应标明定弦并加圆括号，写在调号右方。如：

行　　街

1 =D（**1　5**）弦

③ 某些乐曲如系特殊定弦，如：1 1 弦或 2 2 弦等，同样需要标记清楚。

④ 琵琶定弦有 6、2、3、6，但也有 6、7、3、6 和 6、7、3、3 等不同定弦，标记时要准确。

⑤ 对于民间特殊的所谓“宽五度”（比纯五度略宽）的定弦法，不应采取轻率的否定态度，而应加注说明。如京剧西皮的京胡，即有“宽五度”的定弦法。

（3）拍号、小节线

① 不论独奏曲或合奏曲，拍号一律记在乐曲的开始处，合奏曲的开始处每行乐谱前都要记拍号。乐曲进行中，如拍号有变更，应在变更处标记清楚。如：

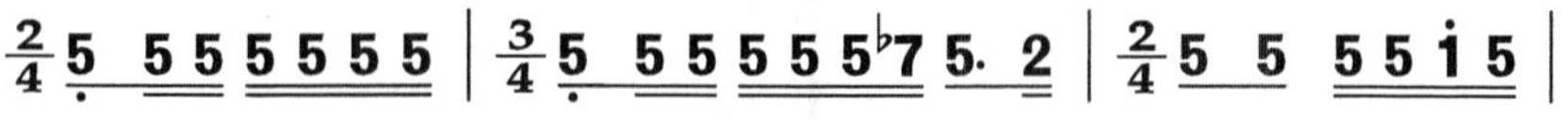

② 在多声部乐曲的某个片断里，根据各声部不同的旋律与节奏特点，有时会出现不同声部同时用不同节拍演奏的现象。为求忠实于乐曲的特点，应保持这种不同声部用不同节拍的记谱，不宜主观地用同一节拍硬性地统一起来。

③ 小节线有虚、实之分。实小切线用于节拍进行有规律的乐曲或段落，虚小节线则用于散板性质的、比较自由的乐句或段落，自由节拍在开始处应标记上散板记号“サ ”如：

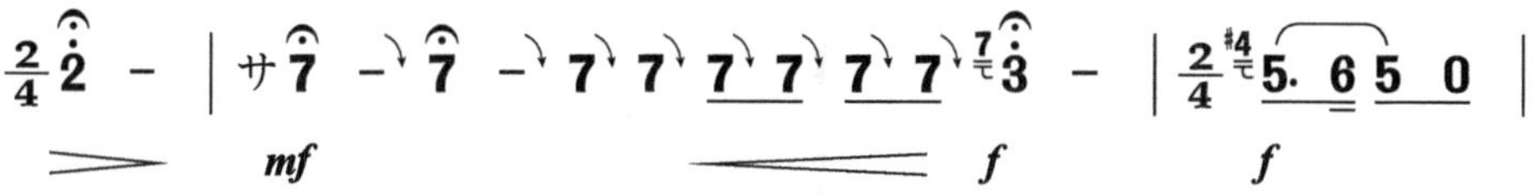

④ 自由节拍需要区别强弱和节拍感时，用虚小节线表示。如：

⑤ 在乐队总谱中，每种乐器的小节线不能连接，而应每行谱各自划小节线。如下：

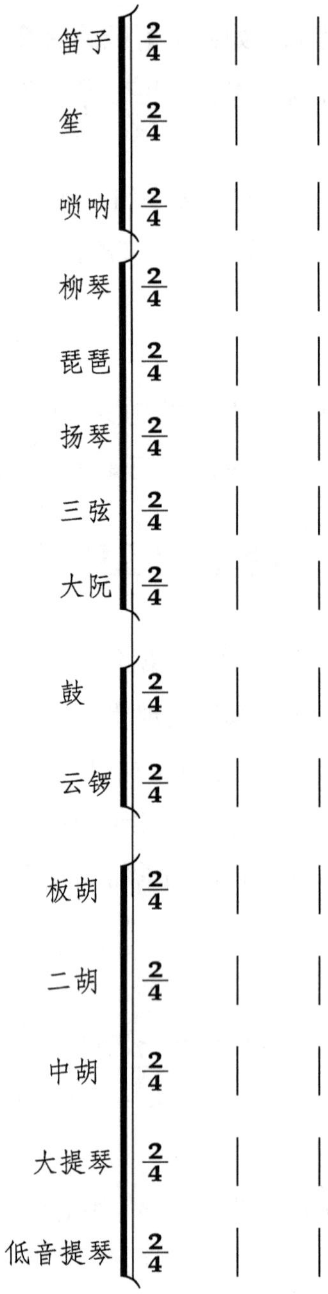

⑥ 乐曲每个段落结束时，用双细线“‖”，不用单细线“|”；每首乐曲的结束处，则应用一细一粗的终止线“‖”。

（4）**高音点和低音点的用法。**

请参照下面的“线谱、简谱的高、低音点音位对照表”。

线谱、简谱的高、低音点音位对照表

C或#C调

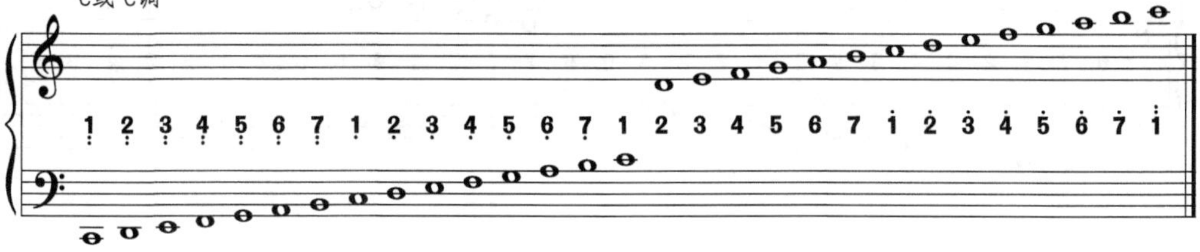

B或♭B调

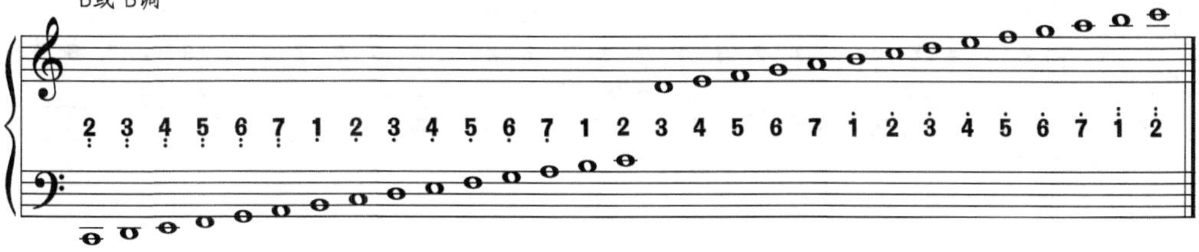

A或♭A调

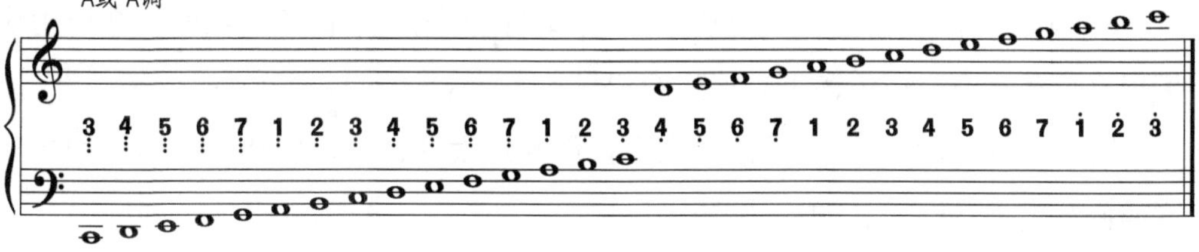

G或♭G调

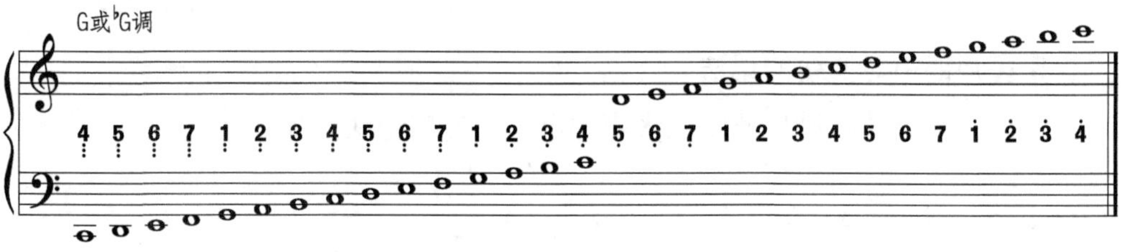

F或#F调

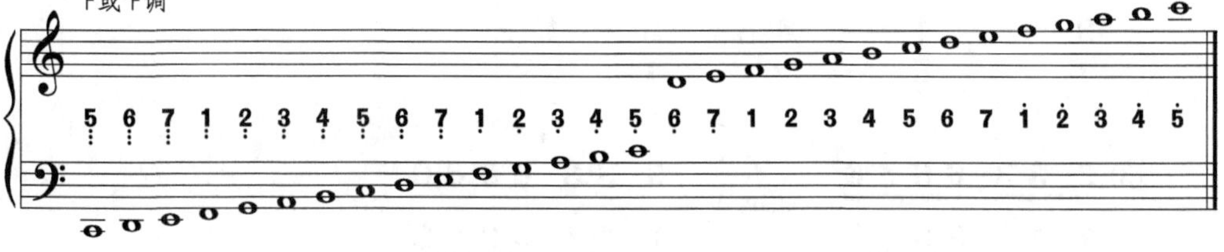

E或♭E调

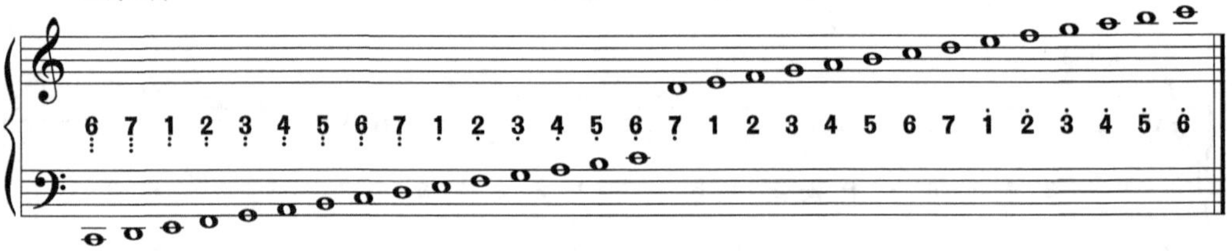

D或♭D调

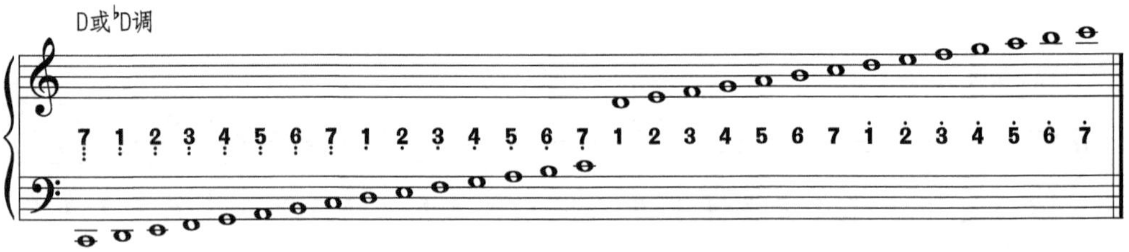

① 低音提琴、低胡、大阮等乐器属于高八高记谱乐器，可沿用线谱规格记写，不必在乐谱下方再标低度记号8------┘。

② 柳琴、板胡、笛、小唢呐等高音乐器记谱比实际音高低八度，亦沿用线谱规格记写，不必在乐谱上方标高度记号8------┐。

③ 除上列乐器外，如乐谱中高音点低音点太多，也可省略一个点而用高八度或低八度记号标记。如：

5 － 6 7 | 1 － 5 － | 可记成 5 － 6 7 | 1 － 5 － |
8------------------------------┘

5. 多声部中时值线的记法

（1）一行谱或一种乐器中的多声部可采用省略记法，如：

① 3 － 1 －　　　3 _ 1 _
　 1 － 5 －　可记成　1 5

② 5 － 3 －　　　5 3
　 3 － 1 －　可记成　3 － 1 －
　 1 － 5 －　　　1 5

③ 3 33 6666　　　3 33 6666
　 1 11 3333　可记成　1 11 3333

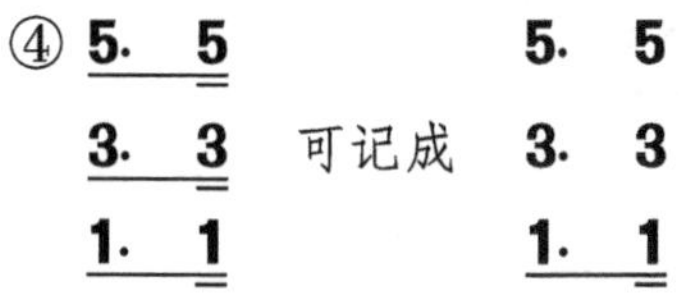

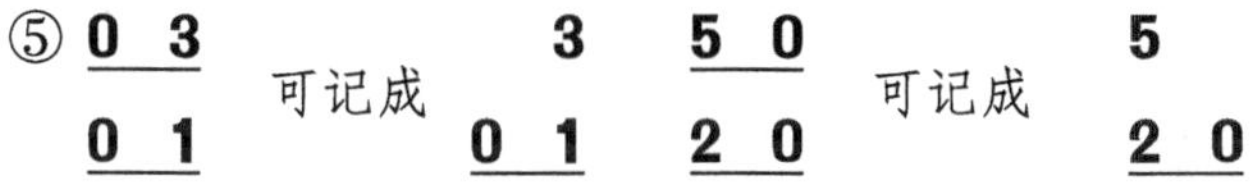

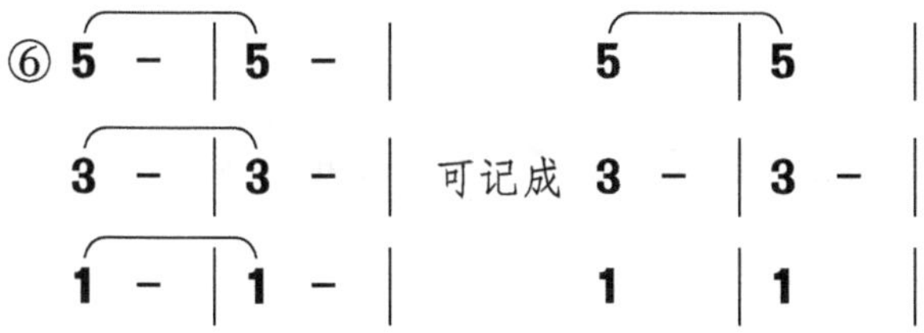

（2）对同时能奏多音的乐器（如琵琶或笙等），记谱时要注意各声部的不同进行和不同时值。如：

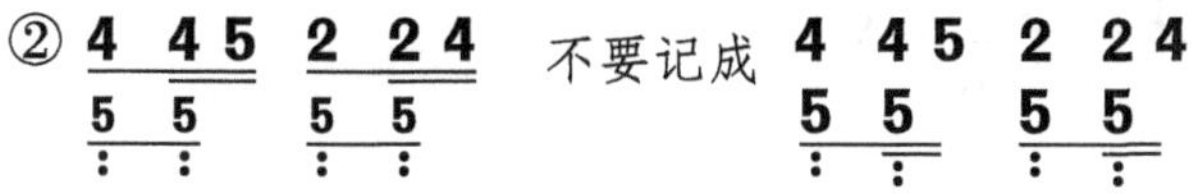

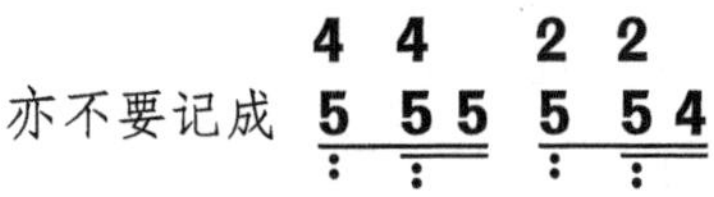

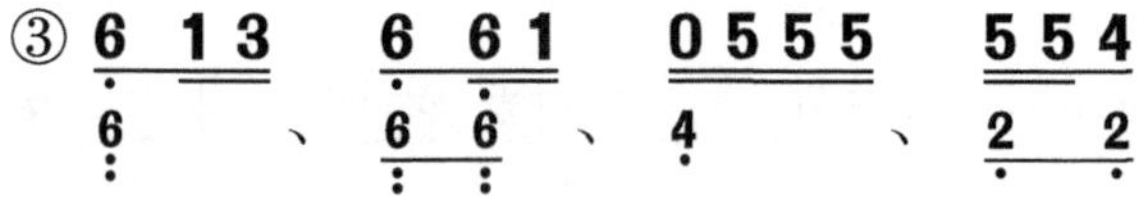

不记成

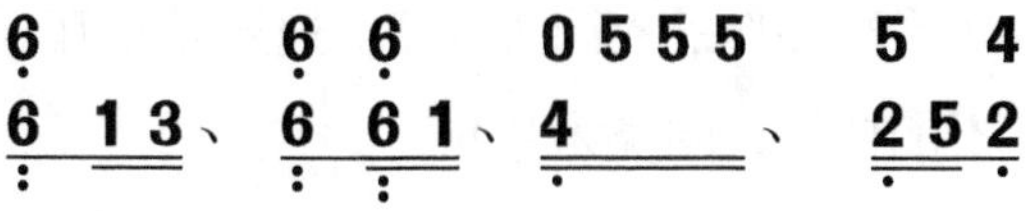

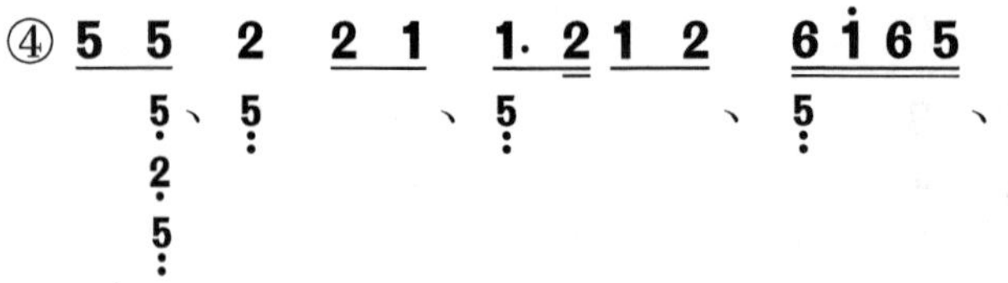

不记成

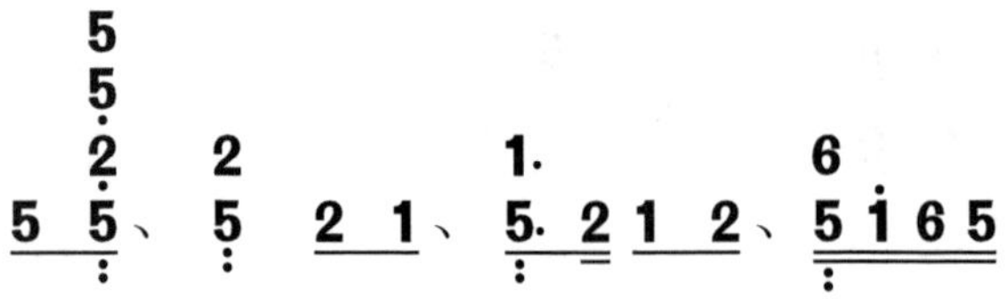

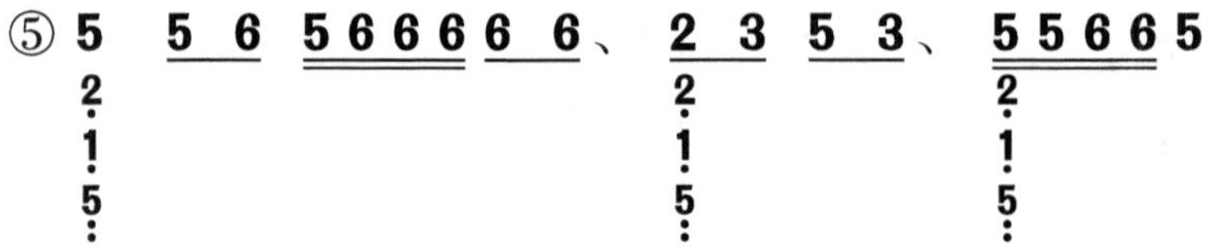

不记成

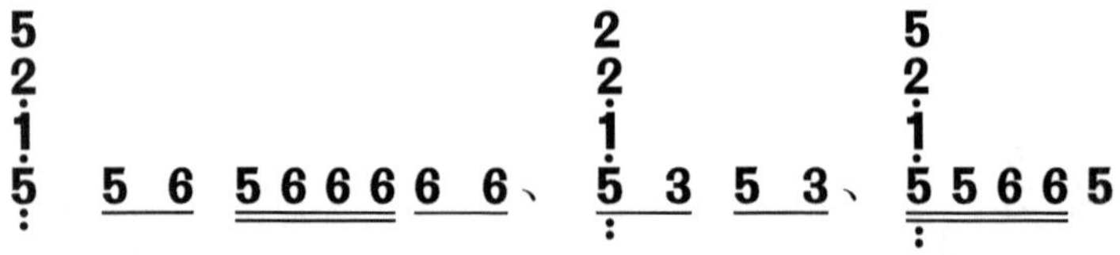

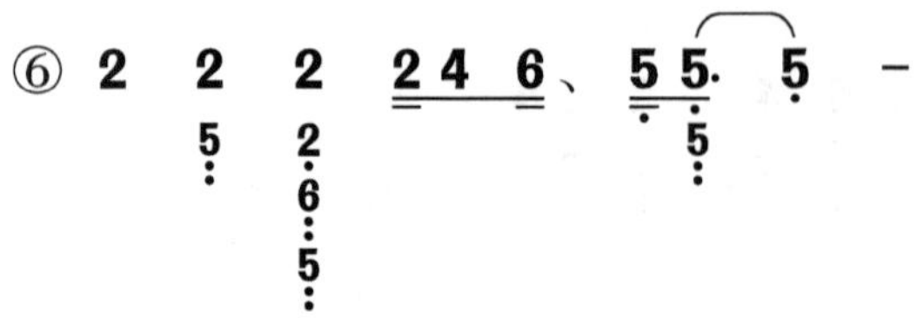

不记成

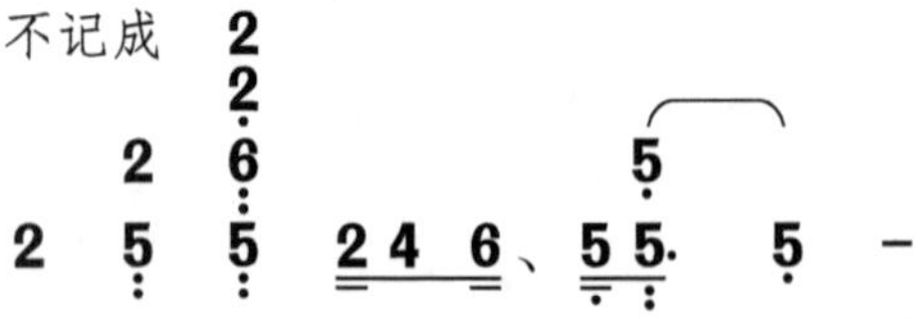

上面谱例中的旋律应记在一个水平线上，其它的声音记在旋律下方相应的时值位置上。

6. 速度、表情术语

（1）速度、表情术语一律用中文（对外作品应附外文）。速度术语在前，表情术语在后，两类术语间空一格，不加顿号，同类术语加“、”。如：

慢板　沉重、有力地

小快板　欢快、热烈地

（2）速度、表情术语在乐曲开始的左上方。在合奏总谱中，如各咱乐器超过12行谱时，为了清楚和醒目起见，可在拉弦乐器组上方将速度、表情术语再记一次，上下应对齐。

（3）乐曲中途如果变换速度或表情，应在变换处分别记清楚。

（4）速度如规定每分钟有若干拍时，除标记速度术语外，亦可同时标记“♩=136”并加圆括号。如快板（♩=136）。

7. 力度记号

（1）*f*、*ff*、*fff*、*mf*、*mp*、*p*、*pp*、*ppp*、<、> 等力度记号一律记在每行乐谱下方，如：

①5 6· 3 | 5 – | ②i̇· 7 6 i̇ 5 3 | 2· 3 2 – |
f　*mf*　*mp*

③i̇ i̇ 2̇ i̇ | 5 5 6 5 | ④5 3 5 6 5 | i̇ – – – | i̇ – – – |
f　*p*　*mp* < *f*

（2）用中文标记的渐快、渐慢、渐弱、渐强等文字一律标在乐曲上方，不加“---”线。在合奏总谱中，此类文字不必每行谱都记，只在总谱上方标记一次即可。如：

渐慢　渐弱
①5 3 5 6 | i̇ – – – |

渐快
②5653 5653 5653 5653 5653 ……

（3）合奏谱或总谱中，所有声部或几个声部如用同一力度时，每行谱下应一一记出并对齐，不能用一个声部的力度记号代替一组，或有一组代替全部。

（4）渐强记号“<”与渐弱记号“>”的长度超过$\frac{4}{4}$拍号三小节时，可有渐强、渐弱等文字代替。

8.其他有关记号

（1）震音记号，记在音符的右下侧。

四分音符以上的震音用“⫽”标记，如：5⫽ 6⫽ 1⫽ 2⫽ | 5⫽ - - - | 1 ；

八分音符震音用“⫽”：标记，如：5⫽ 6⫽ 1⫽ 2⫽ | 5⫽ - | ；

十六分音符震音用“⁄”：标记，如：5⫽ 6⁄ 6⁄ ；

多声部的震音记号，为了避免发生混乱，一律不省略。例：

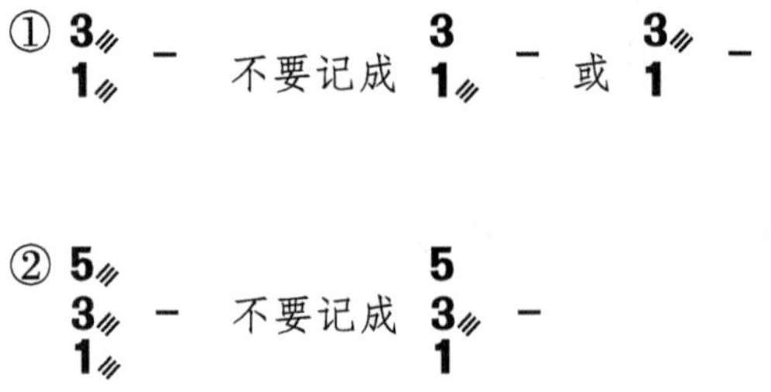

同一乐器演奏和弦音，有的是震音，有的不是震音，应分别记在有关震音处，例：

（此例说明只5音震）　（此例说明只1音震）

同音跨小节的震音，应该在每一个音符上都标上震音记号，如：

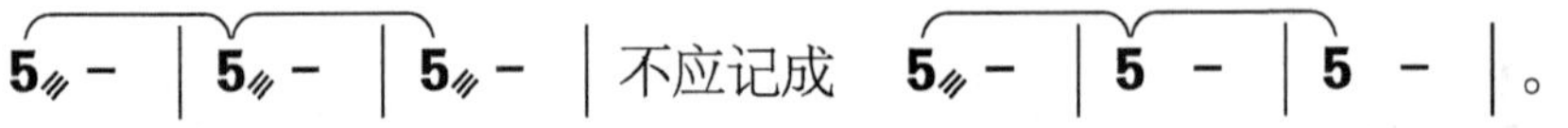

（2）倚音记法：不论前倚音、后倚音、单倚音、双倚音等，均用小号十六分音符标记。如：

（3）滑音记号，用“↗、↘”或“⌒ ↘”标记。滑音有下列三种情况：①起音、迄音有明确音高的滑音，如 5 6 和 ³5、5⁶ 等；②起音明确、迄音不明确的滑音，如 5↗或 5↘ 、6 -↗ 或 6 -↘ 等；③起音不明确、迄音明确的滑音，

如↗5 或↘6 等。

对弧线箭头滑音符合（⌒↘ ↗↘）的使用，应注意音符前后不同位置的不同标记法。如“↗5”不宜标记成“⌒5”，“↘5”不宜记成“⌒5”；“5↘”，不宜记成“5↘”，“5↗”不宜记成“5⌒”，余类推。

“⌒↘⌒↗”为回滑音（回转滑音）符合，注意不可与滑音记号“↗、↘”混淆，因两者的演奏效果不同。

（4）颤音记号的写法是“*tr*”，长颤音在*tr*的后面划“~~~~”，如 *tr*~~~~。如颤音是小二度关系，应明确标记，如 ♭ *tr* 1̣，大二度如 ♯ *tr* 7 或 ♯i̇ *tr* 7；小三度如 2̇ *tr* 7、♭3 *tr* 7，大三度如 ♯2̇ *tr* 7，纯四度如 3̇ *tr* 7 等。

（5）临时升、降记号“♯、♭”，应标在音符前面，如 5♯4、5、i̇♭7 6。临时升、降记号只对本小节内同度音起作用，为此，临时升、降音在本小节或紧连的一下小节内还原本位音时，应在该音前标记还原号“♮”，如：

5♯4♮4 3 5♯4♮4 3、5 ♯4 | ♭4 3 | 或♭7 6♭6 5 7♮6♭6 5、♭7 6 | ♮7 i̇ |，

注意：♭7 6♭6 5 7♮6♭6 5 不能记成 ♭7 6♭6 5 7 6 6 5；5♯4♮4 3 5♯4♮4 3 不能记成 5♯4♮4 3 5 4 4 3。

（6）微升（稍升）、微降、（稍降）记号：“↑”表示微升，写在音符左上侧，如“↑4”；“↓”表示微降，也写在音符上侧，如“↓7”。注意要与滑音记号严格地区别开来。

（7）延长音的记号“𝄐”，应用此记号应注意。

① 不论单旋律乐谱还是总谱，如果同音跨小节用连线又用延长音记号时，应该在开始的音上用延长音记号，如：

𝄐5 – | 5 – | 5 – |

② 在总谱中，只要有一行谱的有关音用了延长音记号，其它行的乐谱（包括休止符）都要在相应位置上延长音记号。如：

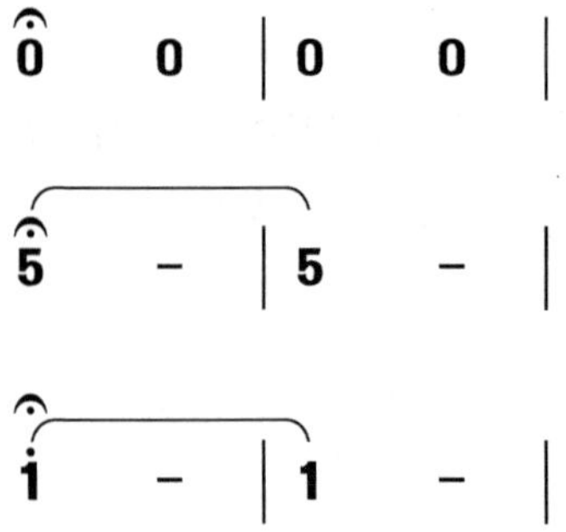

③ 延长音记号用于和音或和弦时，只在上面音符上记出即可。如：5̂ 3 1 –

（8）反复号，有以下几种情况：

① 小反复记号“‖: :‖”，在总谱中每一行都要标记。

② 两小节以内的乐谱，不用反复记号。

③ 反复记号如有三个反复点，表示反复两次，发中有四个，反复三次。如：“‖⁝ ⁝‖”和“‖⁞ ⁞‖”，但不能超过四个反复点。

参考文献

[1] 人民音乐出版社总编室 . 音乐编辑手册 [M] . 北京：人民音乐出版社，1994

[2]《中国民族民间器乐曲集成》编辑工作组 . 中国民族民间器乐曲集成编辑工作手册 . 中国民族音乐集成编辑办公室，1984

三、戏曲曲艺音乐

（一）唱腔

1. 标题

凡属完整的唱段，均需加标题。标题写在曲谱上方正中。标题下采用“《 》”号写明唱段选自何剧目，然后写角色名称，并用“〔 〕”号注明行当。标题右下侧写明作曲者、演唱者或记谱者姓名。唱腔为板腔体的唱段标题一般摘用首句唱词。例：

独守空帏暗长叹

（《望江亭》谭记儿〔旦〕唱腔）

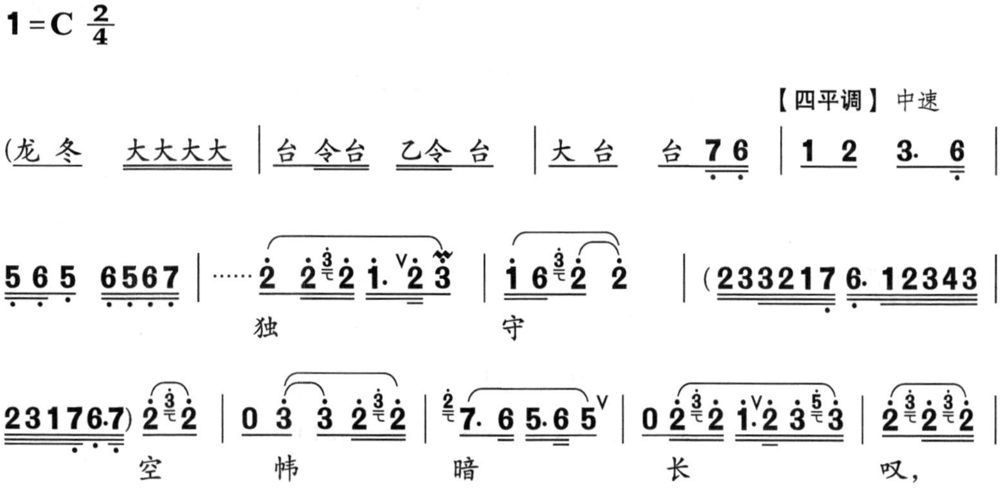

唱段为曲牌的，标题采用曲牌名。例：

懒 画 眉

（《牡丹亭·寻梦》杜丽娘〔旦〕唱腔）

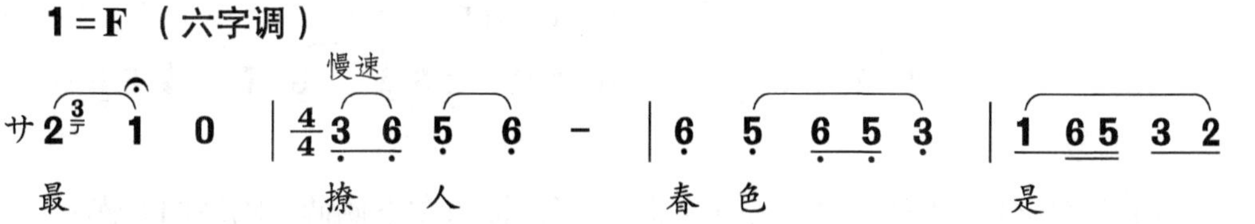

凡引用谱例而非完整唱段者，一律不加标题。在曲谱右上方用《》号写明剧目然后写明角色名称，下面用（）号写明演唱者姓名或作曲者姓名。例：

选自《宿店》陈宫唱段
（余叔岩演唱）

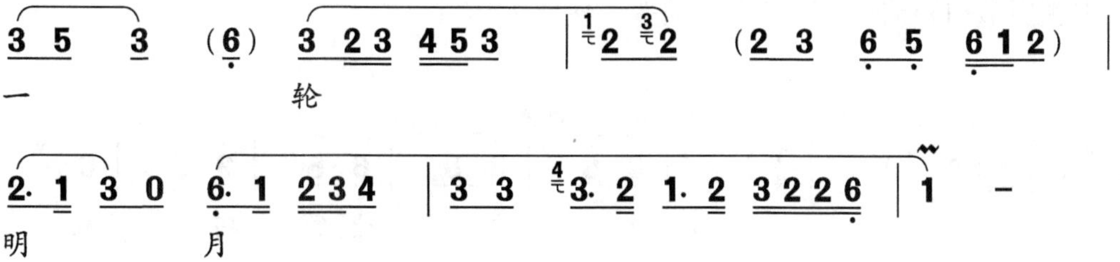

2. 调号

调号采用 **1** = $^\flat$**B**、**1** = **F** 或 **1** = $^\flat$**B**（上字调）的记法，写在唱段标题左下侧。例：

张君秋演唱
×××记谱

万岁爷为秦英把人情来讲

（《三哭殿》詹妃〔旦〕唱腔）

吴碧波演唱
×××记谱

又例如：

折　桂　令

（《宝剑记·夜奔》林冲〔武生〕唱腔）

1 = $^\flat$**B（上字调）**

在转调处应标明新调号。如 **1** = **G** 转 **1** = **D**（前 **5** = 后 $\dot{\mathbf{1}}$），记谱时转 **1** = **D** 的“**1**”应对准转调后的第一个音。例：

1 = **G**

张继青演唱
×××记谱

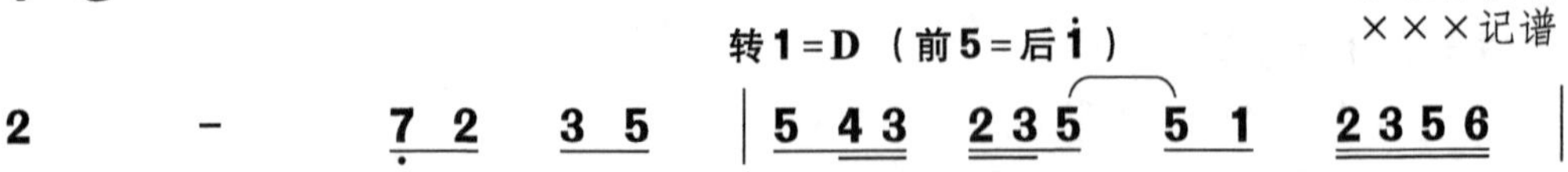

3. 拍号

拍号采用分数式 $\frac{4}{4}$、$\frac{2}{4}$、$\frac{1}{4}$ 的记法，写在标题左下侧调号的后面。例：

1 = **F** $\frac{2}{4}$　　　　**1** = **G**（正宫调）$\frac{4}{4}$

唱腔中变换节拍，应在变换处标记新拍号，写入小节线右侧。不必把唱段中变换节拍的拍号都写在曲谱前头。例：

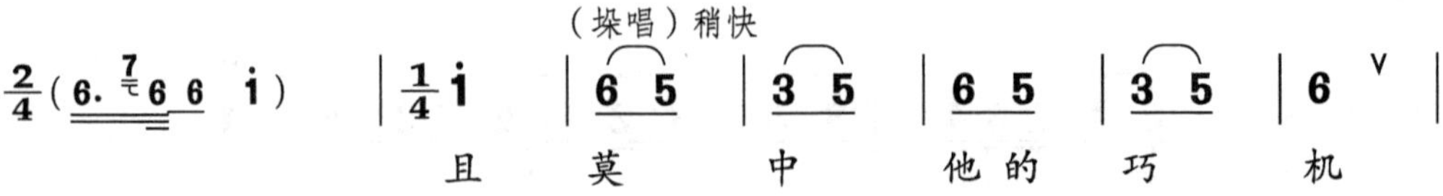

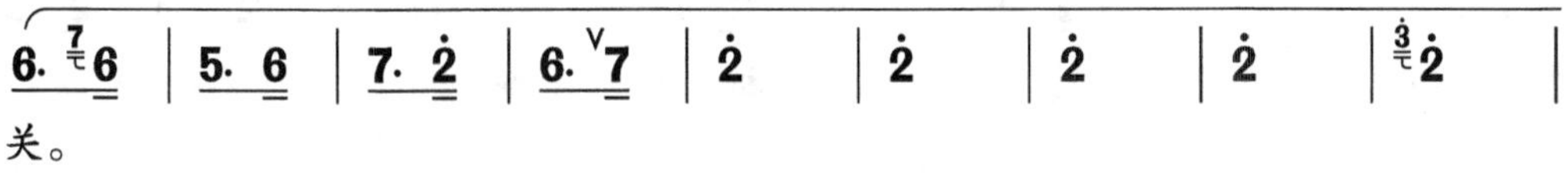

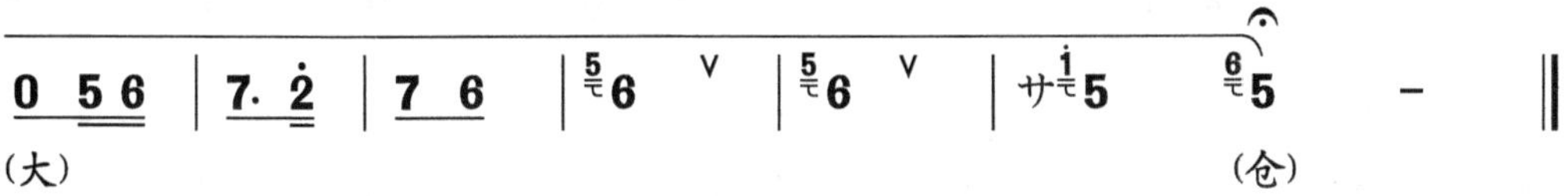

唱腔中节拍自由的散唱，一律用“サ”符号标记。例：

桂 枝 香

（《西厢记·拷红》崔夫人〔老旦〕唱腔）

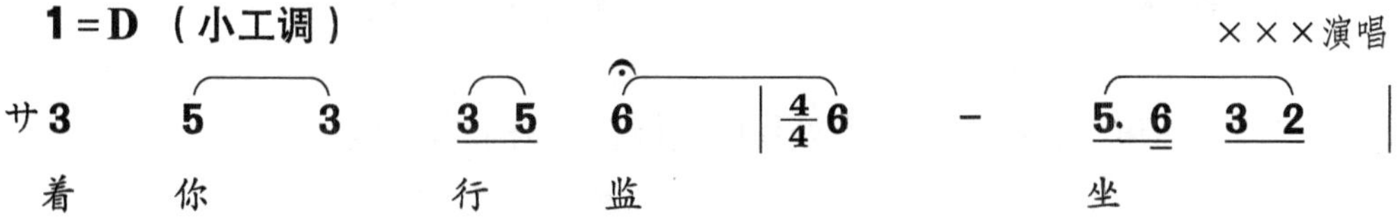

若属散板、导板等有板式名称的唱段，除标记 サ 符合外，还要在开始处注明板式名称。例：

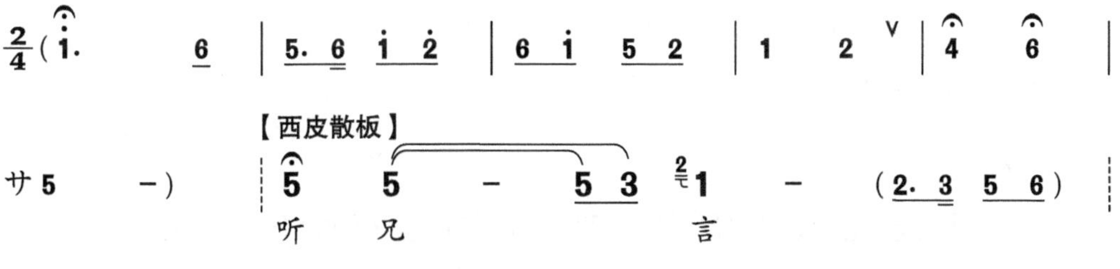

自由节拍的散唱分节符号“┆”一般用于强音之前。例：

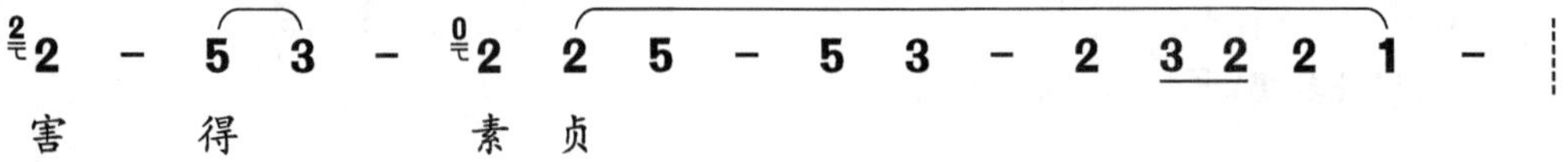

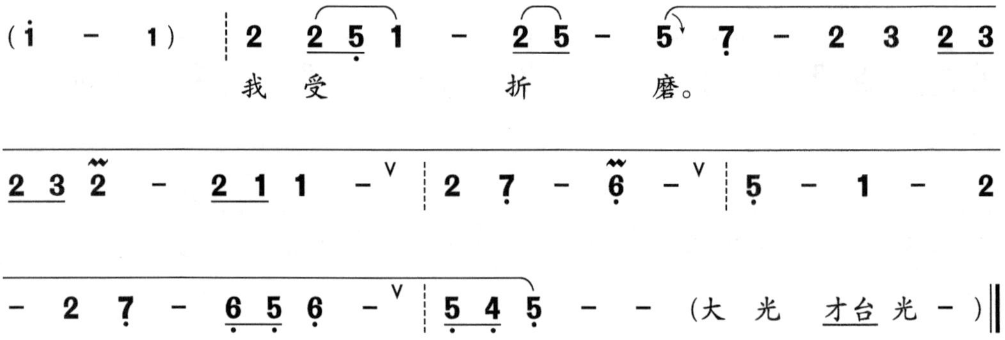

4.速度、表情术语

速度、表情术语写在调号、拍号的下面，速度在前，表情术语在后，中间空一格，不加顿号。若表情术语并列使用，中间加顿号。例：

1＝G
慢速　亲切地

1＝♭E（凡字调）
中速　豪迈、有力地

唱腔中速度变换时，在变换处用中文标在曲谱上方。例：

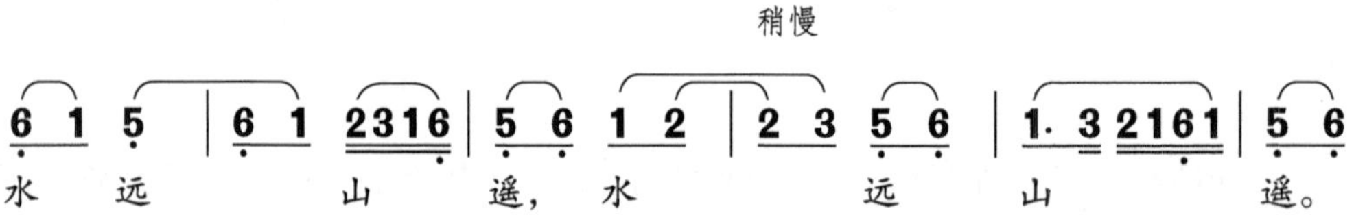

如需标明唱段的准确速度，可采用“♩＝××”的记法。前面有速度术语时，“♩＝××”列于术语之后，并加括号。例：

快速（♩＝120）

5.板式

凡属板式名称，采用“【　】”写明，放在曲谱开始的上方。例：

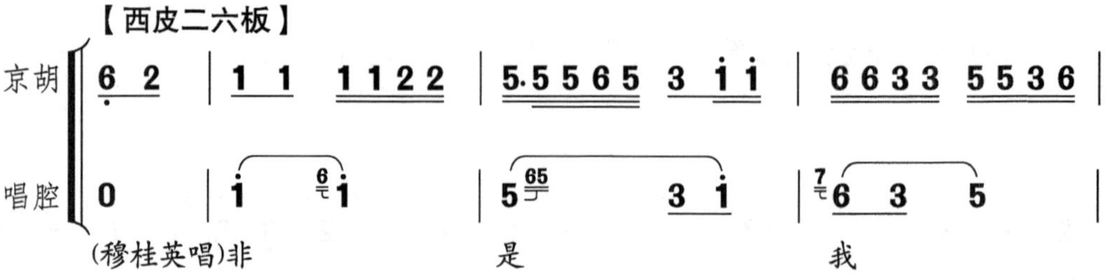

若需说明速度的，将速度术语写在板式的后面。例：

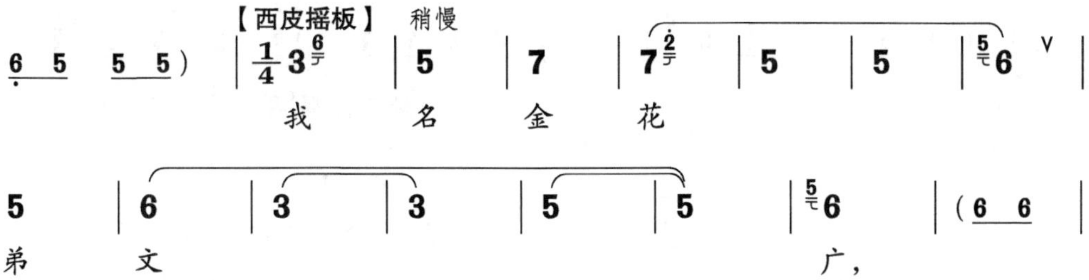

曲牌唱腔联接组成唱段，或集曲需写明曲牌名的均写在曲调开始的上方。例：

雁儿落、川拨掉、七弟兄

（《西游记·胖姑学舌》胖姑〔贴〕、王留〔丑〕唱腔）

1＝D（小工调）

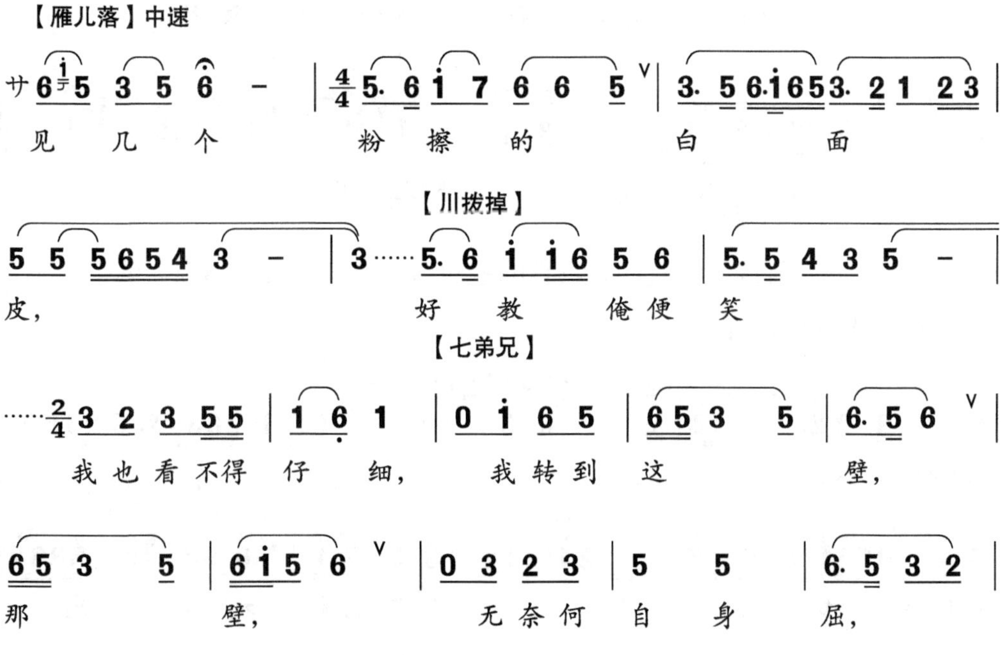

6.过门

凡属与唱腔衔接的前奏、间奏等过门曲谱，均用括号（　）括起，所用字号比唱腔小一号，以示区别。例：

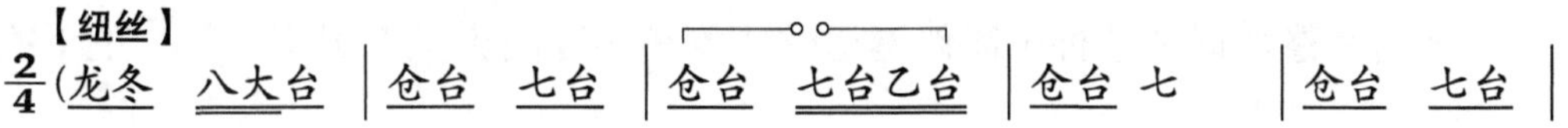

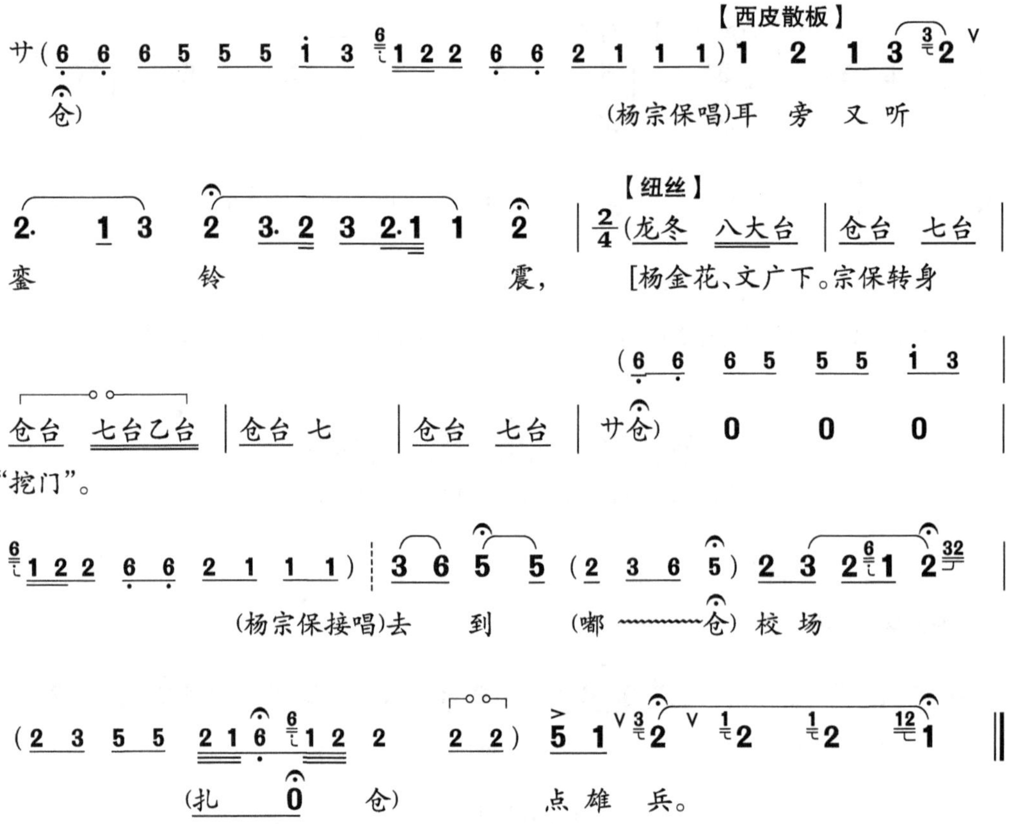

凡与唱腔同时进行的过门，写在唱腔曲谱上方，至唱腔结束后的下一小节再移下与唱腔同行。例：

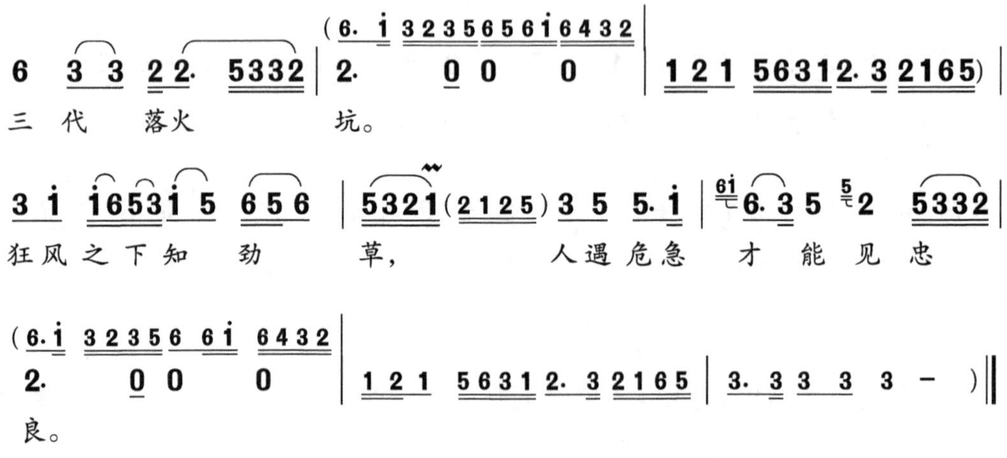

7.伴奏谱记法

凡需完整地记录某种乐器伴奏谱时，均在唱腔曲谱上方另记一行，上下的节拍应对准。例：

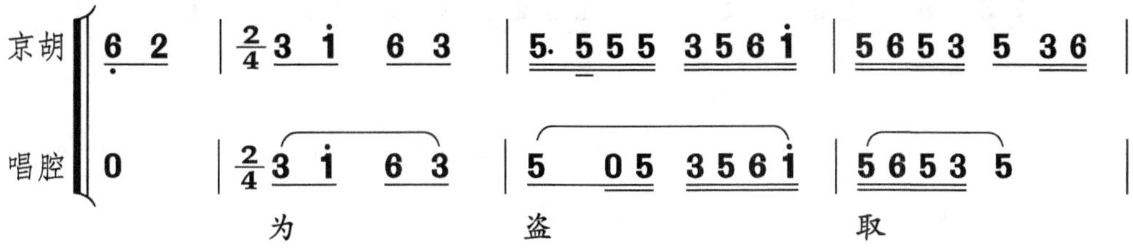

8. 唱腔与打击乐

凡唱腔与打击乐同时进行的，唱腔曲谱写在上面，打击乐谱写在下面，上下节拍对准，使节奏统一。打击乐谱用括号（　）括起，不划小节线。例：

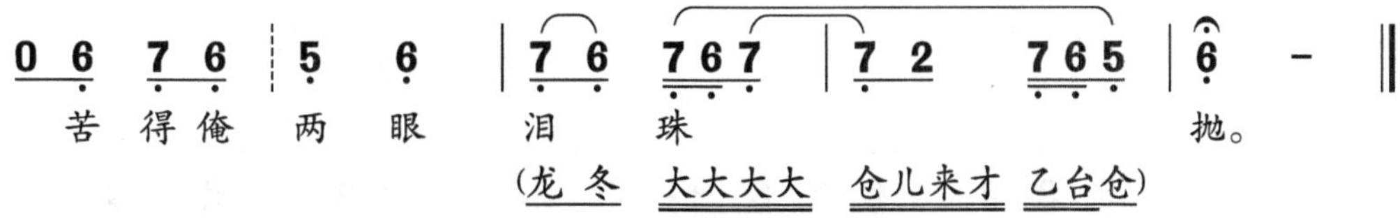

凡唱腔与打击乐先后出现的，打击乐谱与唱腔曲谱在同行，依顺序记谱，用括号（）括起。若需标记锣鼓经名称者一律用“【　】”括起写在打击乐谱开始的上方。例：

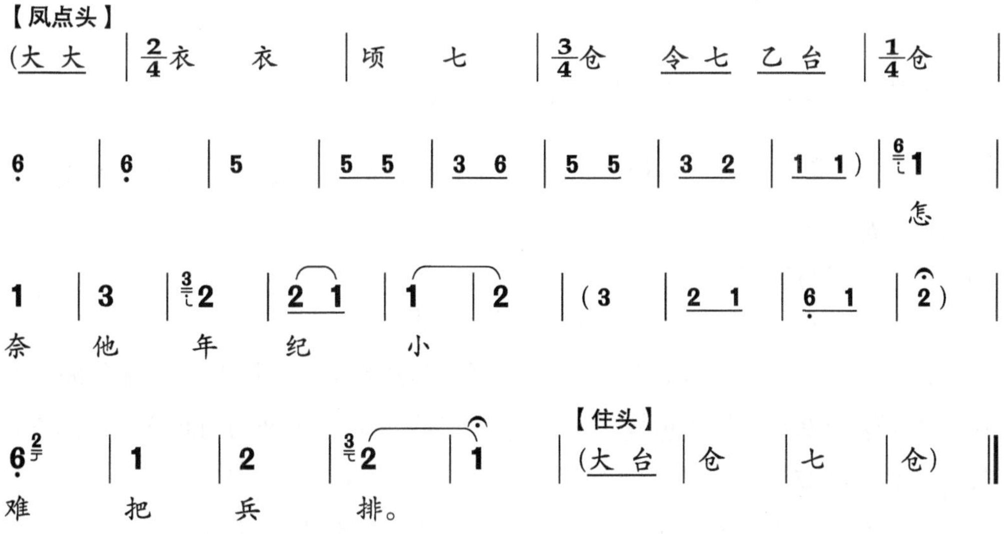

9. 唱、白、帮腔

凡唱段中需注明角色唱或白的，均采用括号内注明角色名称并写明“唱”或“白”。例：

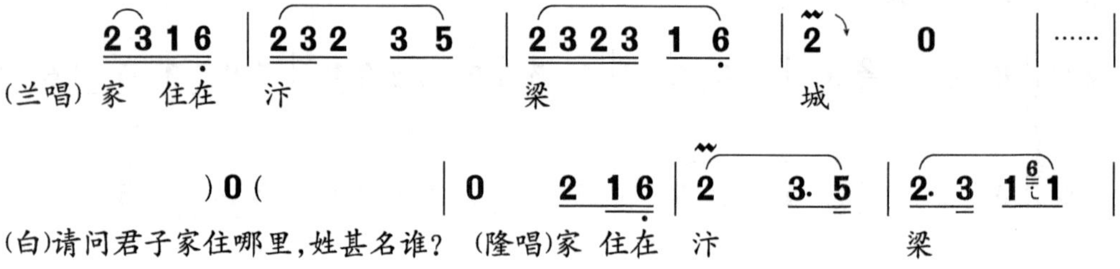

凡属唱段中有“帮腔”“伴唱”者，在帮腔或伴唱开始的唱词前面用括号写明“帮”或“伴”，与角色“唱”或“白”的体例相同。例：

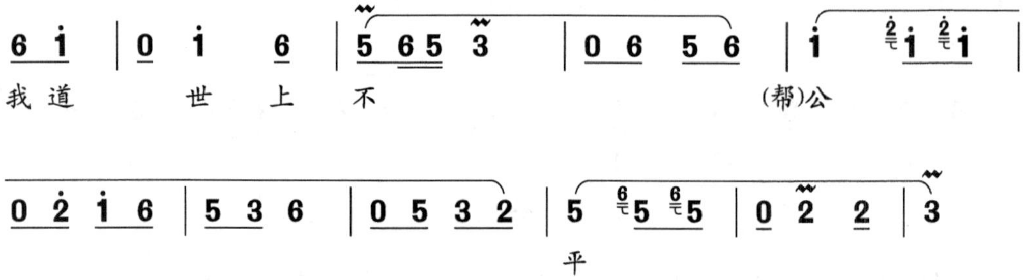

10. 反复记号

4小节以内不用反复记号。如：

如从头反复，曲头不加“‖:”记号。反复结尾不同，用

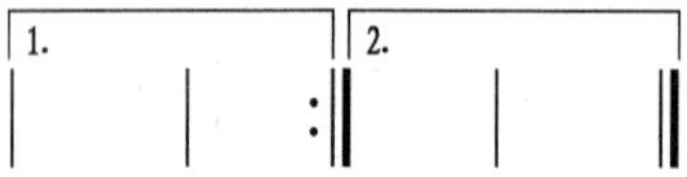
记号标明。如反复后的音乐较长，可只划两小节，不封口。如：

如曲调由三部分组成，第三部分为第一部分的重复，即在第二部分曲谱结束处的下边记***D.C.***（从头重复），并在第一部分曲调结束处写明曲终和使用终止线‖，表示结束。

无定次反复，则在曲谱上方加用“⌐○ ○¬”记号标明。

例：

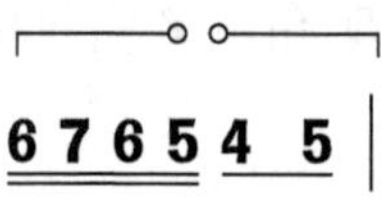

又例：仓七 台七 |

11. 变化音

凡属临时变化音，应标明升（♯）、降（♭）、还原（♮）等符号，临时升降号只对本小节内同度音生效。

如果变化音（♯4、♭7 或偏低，偏高）属本剧种调式色彩音，可用文字说明，无需一一用符号标记。

12. 其他常用乐谱符号

（1）连线 唱词中一字唱两个音以上的都用连线⌒标记。除延音线外，其他不再另加连线。例：

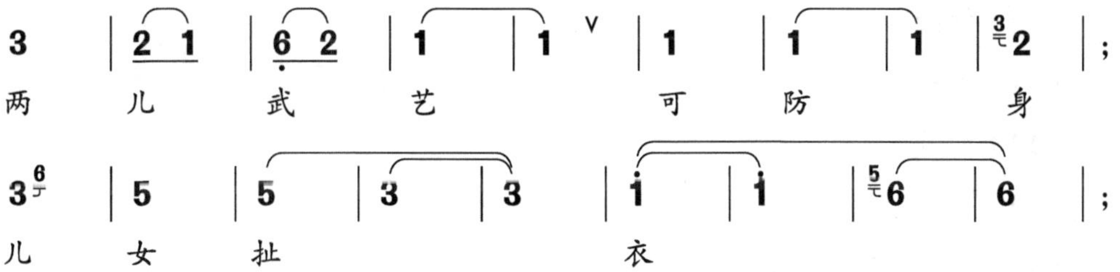

（2）波音

上波音

（3）颤音 tr～～～，一般用于器乐部分。

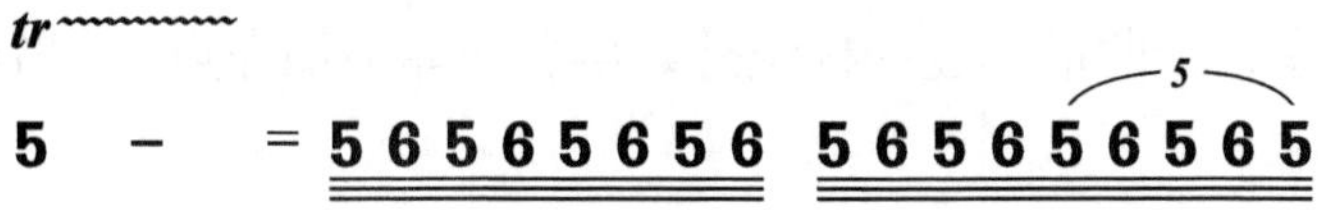

（4）倚音　前倚音^{5}，后倚音^{5}。

（5）喷口夺字记号，唱时稍微停顿一下。例：

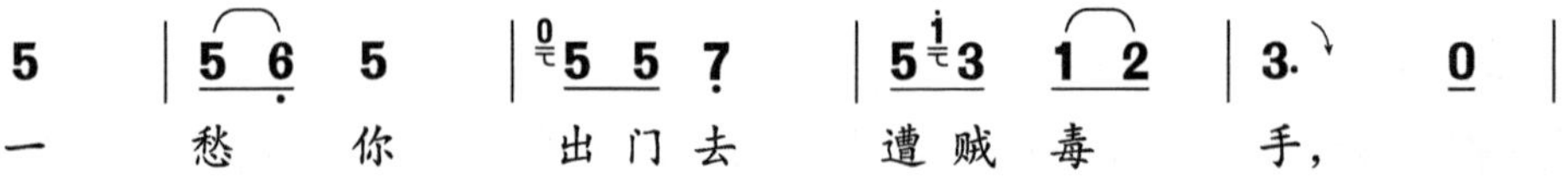

（6）滑音　下滑音↘，即由本位音向下滑，如 1↘；上滑音↗，由本音向上滑如 5↗。固定的滑音，采用滑音连线 ⌒。例：

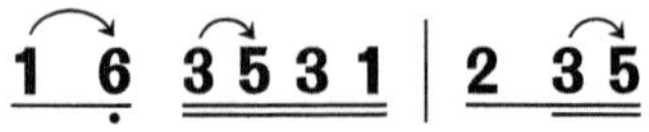

（7）跳音 ▿

（8）顿音 ▾

（9）重音 >

（10）保持音 –

（11）延长号 𝄐

（12）换气 V

（13）哭泣记号

（14）自由休止　）0（

（15）渐强 ＜，渐弱 ＞

（16）最弱***ppp***、很弱***pp***、弱***p***、中弱***mp***。

（17）最强***fff***、很强***ff***、强***f***、中强***mf***。

（18）特强音***sf***、强后弱***fp***、特强后突弱***sfp***。

（19）用假嗓（二本腔）演唱，有如下几种记法：①按实际音高记谱；②用高八度符号标明，并加虚点至结束处，如8------┐；③全部用假嗓（二本腔）演唱时，在唱段结束处加文字说明；④如果是特殊的假声演唱，用文字注明。

13. 唱词

唱词一律用标准简化汉字记写，采用标点符号分句逗。唱词必须与曲谱对准。唱词中一字多音者，除曲谱用连线标记外，字后一律不加虚点。句中虚词、衬字采用（）括起。例：

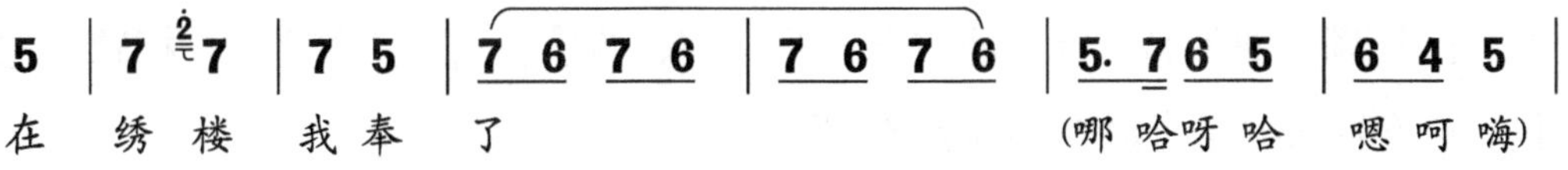

唱腔中有节奏的道白标记如下：

0　0 | 0　0 |

我说　一个　一呀　啊

而不用 X· X　X　X | X　X　X | 以免与打击乐符号混淆。

我 说 一 个　一 呀 啊

14. 舞台表演提示

一般记在曲谱下方唱词上方，用小号字体并用半括号［括在左端。注意不要与唱词相混淆。例：

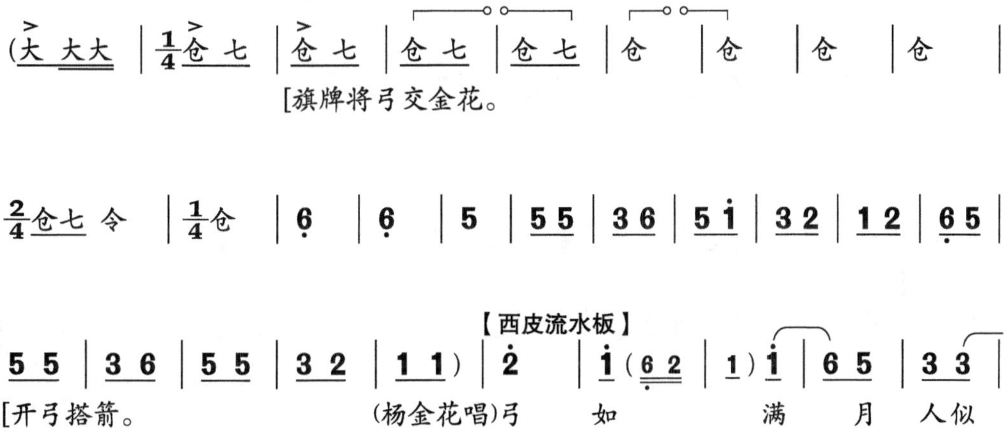

15. 音响效果

一般记于曲谱上方，用小号字体并用（　）括起。例：

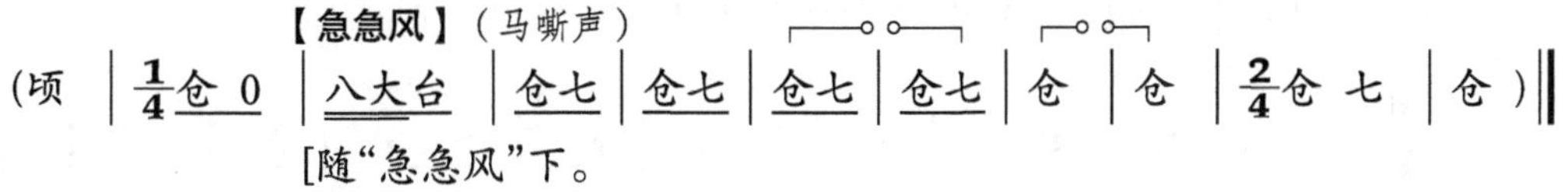

（二）器乐曲牌

1. 标题用曲牌名，写在曲谱上方的正中。调号、拍号按顺序写在标题下左侧。速度术语写在曲调开头的上方。例：

节 节 高

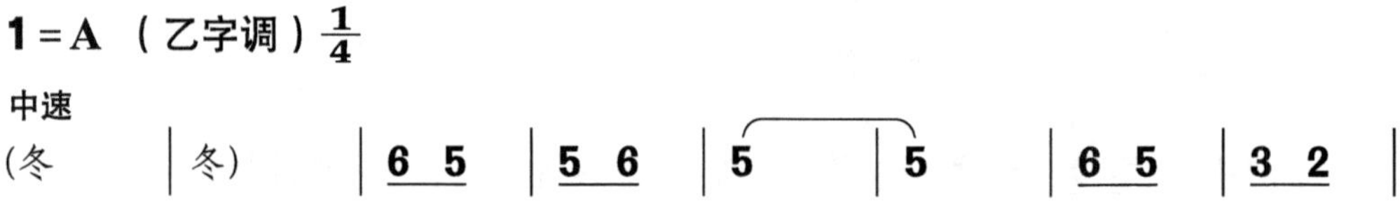

若非单独的曲牌谱，而是与唱腔曲谱有联接的曲牌，则曲牌名称写在曲调上方，采用“【 】”括起。例：

2. 与打击乐在一起演奏时，打击乐谱记在曲谱下面。

例①

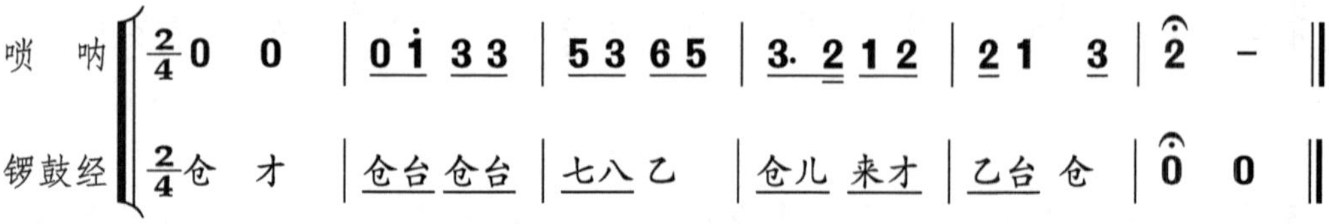

例②

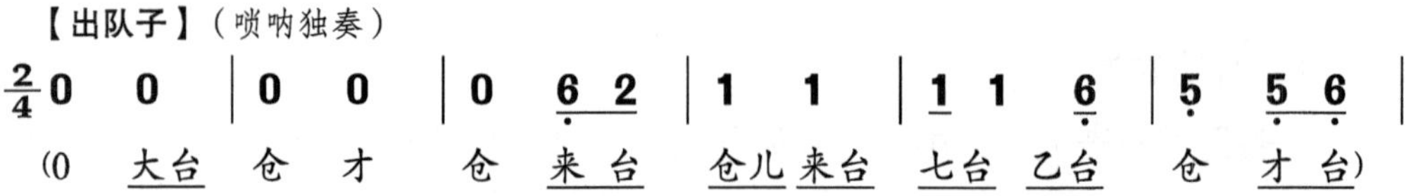

若有唱词，即将唱词写在曲牌谱与打击乐谱的中间。例：

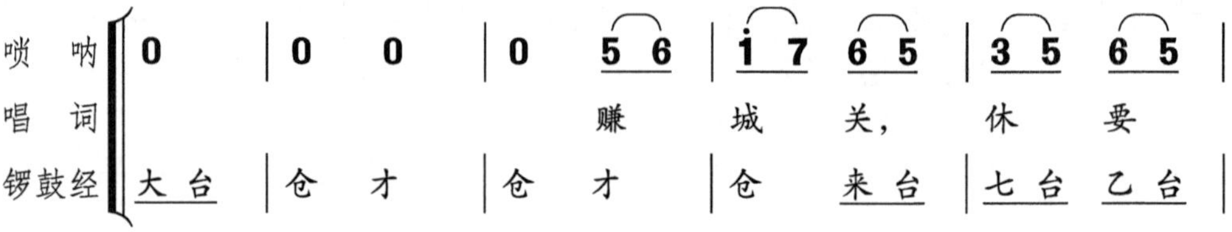

若曲词与打击乐谱相同，可同记一行。例：

云　苏　调

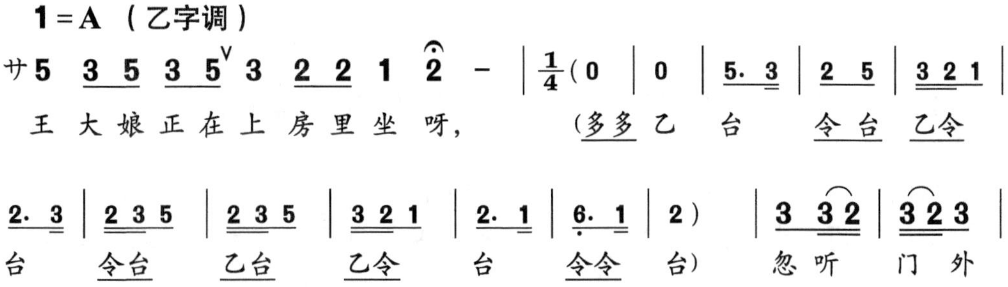

（三）打击乐（锣鼓经）

1. 锣鼓经均采用谐音汉字记谱，不采用拼音字头或其他符号，以求规格统一。各剧种应制定出本剧种的锣鼓字谱说明，以规范本剧种的锣鼓谱。

汉字代音，在一个剧种中必须统一。以京剧锣鼓字谱为例：

大	单皮鼓单楗重击。
多	单皮鼓单楗轻击。
八	单皮鼓双楗同时重击，或左手单楗重击。
嘟┅┅	单皮鼓双楗滚击。
扎、衣	板单击。
龙	鼓或堂鼓、花盆鼓轻击（龙冬连奏可代表两声轻击）。
冬	鼓或堂鼓、花盆鼓重击。
多罗、冬龙	鼓或堂鼓、花盆鼓单楗轻滚击。
仓	大锣、铙钹、小锣同时重击。
顷	大锣、铙钹、小锣同时轻击。
匡	大锣重击，放长音。
空	大锣轻击，放长音。
宫	大锣、铙钹、小锣同时击闷音。
匝	大锣、铙钹、小锣同时击哑音。
才	铙钹、小锣同时重击
七	铙钹单击或铙钹、小锣同时击。

台　　　　小锣重击。

来　　　　小锣稍重击。

令　　　　小锣轻击。

乙　　　　休止。

2. 锣鼓点名称用“【　】”括起，写于字谱开始的上方。例：

【快长锤】 （0 台 | 2/4 仓七 台七 | 仓大 衣 | 【凤点头】 顷 七 | 3/4 仓 令七 乙台 | 1/4 仓 ）

3. 拍号、速度以及其他常用乐谱符号，均与前述唱腔记谱的处理方法相同。

4. 锣鼓经中各种乐器的分谱合记在一起称“总谱”。总谱的规格如下：

【凤点头】

鼓	X X	2/4 0 0	X X	3/4 X X X X X X	1/4 X ‖
板	0	2/4 X X	0 0	3/4 0 0 0	1/4 0 ‖
小锣	0	2/4 0 0 X	X X	3/4 X X X X X	1/4 X ‖
钹	0	2/4 0 0	X X	3/4 X X X X	1/4 X ‖
大锣	0	2/4 0 0	X –	3/4 X – –	1/4 X ‖
念法	大 大	2/4 衣 衣	顷 七	3/4 仓 令 七 乙 台	1/4 仓） ‖

5. 道白中所用锣鼓点，随道白用黑体汉字记出，并用括号（　）括起。例：

杨宗保 哎呀儿呀！（**大 台** | **仓　七** | **仓　七** | **仓**）
你母亲的军令森严，想当年为父犯了她的军法也曾受过重责。

（常静之）

附 录

文化及相关产业的类别名称和行业代码

类别名称	国民经济行业代码
第一部分　文化产品的生产	
一、新闻出版发行服务	
（一）新闻服务	
新闻业	8510
（二）出版服务	
图书出版	8521
报纸出版	8522
期刊出版	8523
音像制品出版	8524
电子出版物出版	8525
其他出版业	8529
（三）发行服务	
图书批发	5143
报刊批发	5144
音像制品及电子出版物批发	5145
图书、报刊零售	5243
音像制品及电子出版物零售	5244
二、广播电视电影服务	
（一）广播电视服务	
广播	8610
电视	8620
（二）电影和影视录音服务	
电影和影视节目制作	8630
电影和影视节目发行	8640
电影放映	8650
录音制作	8660

类别名称	国民经济行业代码
三、文化艺术服务	
（一）文艺创作与表演服务	
文艺创作与表演	8710
艺术表演场馆	8720
（二）图书馆与档案馆服务	
图书馆	8731
档案馆	8732
（三）文化遗产保护服务	
文物及非物质文化遗产保护	8740
博物馆	8750
烈士陵园、纪念馆	8760
（四）群众文化服务	
群众文化活动	8770
（五）文化研究和社团服务	
社会人文科学研究	7350
专业性团体（的服务）*	9421
–学术理论社会团体的服务	
–文化团体的服务	
（六）文化艺术培训服务	
文化艺术培训	8293
其他未列明教育*	8299
–美术、舞蹈、音乐辅导服务	
（七）其他文化艺术服务	
其他文化艺术业	8790
四、文化信息传输服务	
（一）互联网信息服务	
互联网信息服务	6420
（二）增值电信服务（文化部分）	
其他电信服务*	6319

类别名称	国民经济行业代码
–增值电信服务（文化部分）	
（三）广播电视传输服务	
有线广播电视传输服务	6321
无线广播电视传输服务	6322
卫星传输服务*	6330
–传输、覆盖与接收服务	
–设计、安装、调试、测试、监测等服务	
五、文化创意和设计服务	
（一）广告服务	
广告业	7240
（二）文化软件服务	
软件开发*	6510
–多媒体、动漫游戏软件开发	
数字内容服务*	6591
–数字动漫、游戏设计制作	
（三）建筑设计服务	
工程勘察设计*	7482
–房屋建筑工程设计服务	
–室内装饰设计服务	
–风景园林工程专项设计服务	
（四）专业设计服务	
专业化设计服务	7491
六、文化休闲娱乐服务	
（一）景区游览服务	
公园管理	7851
游览景区管理	7852
野生动物保护*	7712
–动物园和海洋馆、水族馆管理服务	
野生植物保护 *	7713
–植物园管理服务	

类别名称	国民经济行业代码
（二）娱乐休闲服务	
歌舞厅娱乐活动	8911
电子游艺厅娱乐活动	8912
网吧活动	8913
其他室内娱乐活动	8919
游乐园	8920
其他娱乐业	8990
（三）摄影扩印服务	
摄影扩印服务	7492
七、工艺美术品的生产	
（一）工艺美术品的制造	
雕塑工艺品制造	2431
金属工艺品制造	2432
漆器工艺品制造	2433
花画工艺品制造	2434
天然植物纤维编织工艺品制造	2435
抽纱刺绣工艺品制造	2436
地毯、挂毯制造	2437
珠宝首饰及有关物品制造	2438
其他工艺美术品制造	2439
（二）园林、陈设艺术及其他陶瓷制品的制造	
园林、陈设艺术及其他陶瓷制品制造*	3079
—陈设艺术陶瓷制品制造	
（三）工艺美术品的销售	
首饰、工艺品及收藏品批发	5146
珠宝首饰零售	5245
工艺美术品及收藏品零售	5246
第二部分　文化相关产品的生产	
八、文化产品生产的辅助生产	
（一）版权服务	
知识产权服务*	7250
—版权和文化软件服务	

类别名称	国民经济行业代码
（二）印刷复制服务	
书、报刊印刷	2311
本册印制	2312
包装装潢及其他印刷	2319
装订及印刷相关服务	2320
记录媒介复制	2330
（三）文化经纪代理服务	
文化娱乐经纪人	8941
其他文化艺术经纪代理	8949
（四）文化贸易代理与拍卖服务	
贸易代理*	5181
–文化贸易代理服务	
拍卖*	5182
–艺（美）术品、文物、古董、字画拍卖服务	
（五）文化出租服务	
娱乐及体育设备出租*	7121
–视频设备、照相器材和娱乐设备的出租服务	
图书出租	7122
音像制品出租	7123
（六）会展服务	
会议及展览服务	7292
（七）其他文化辅助生产	
其他未列明商务服务业*	7299
–公司礼仪和模特服务	
–大型活动组织服务	
–票务服务	
九、文化用品的生产	
（一）办公用品的制造	
文具制造	2411
笔的制造	2412
墨水、墨汁制造	2414

类别名称	国民经济行业代码
（二）乐器的制造	
中乐器制造	2421
西乐器制造	2422
电子乐器制造	2423
其他乐器及零件制造	2429
（三）玩具的制造	
玩具制造	2450
（四）游艺器材及娱乐用品的制造	
露天游乐场所游乐设备制造	2461
游艺用品及室内游艺器材制造	2462
其他娱乐用品制造	2469
（五）视听设备的制造	
电视机制造	3951
音响设备制造	3952
影视录放设备制造	3953
（六）焰火、鞭炮产品的制造	
焰火、鞭炮产品制造	2672
（七）文化用纸的制造	
机制纸及纸板制造*	2221
–文化用机制纸及纸板制造	
手工纸制造	2222
（八）文化用油墨颜料的制造	
油墨及类似产品制造	2642
颜料制造*	2643
–文化用颜料制造	
（九）文化用化学品的制造	
信息化学品制造*	2664
–文化用信息化学品的制造	

类别名称	国民经济行业代码
（十）其他文化用品的制造	
照明灯具制造*	3872
–装饰用灯和影视舞台灯制造	
其他电子设备制造*	3990
–电子快译通、电子记事本、电子词典等制造	
（十一）文具乐器照相器材的销售	
文具用品批发	5141
文具用品零售	5241
乐器零售	5247
照相器材零售	5248
（十二）文化用家电的销售	
家用电器批发*	5137
–文化用家用电器批发	
家用视听设备零售	5271
（十三）其他文化用品的销售	
其他文化用品批发	5149
其他文化用品零售	5249
十、文化专用设备的生产	
（一）印刷专用设备的制造	
印刷专用设备制造	3542
（二）广播电视电影专用设备的制造	
广播电视节目制作及发射设备制造	3931
广播电视接收设备及器材制造	3932
应用电视设备及其他广播电视设备制造	3939
电影机械制造	3471
（三）其他文化专用设备的制造	
幻灯及投影设备制造	3472
照相机及器材制造	3473
复印和胶印设备制造	3474
（四）广播电视电影专用设备的批发	
通讯及广播电视设备批发	5178
–广播电视电影专用设备批发	
（五）舞台照明设备的批发	
电气设备批发	5176
–舞台照明设备的批发	

参考文献

[1]《社会科学检索词表》编委会. 社会科学检索词表［M］. 北京：社会科学文献出版社，1993.

[2]《中国档案主题词表》编委会. 中国档案主题词表［M］. 北京：档案出版社，1988.

[3]《中国图书馆图书分类法》编委会. 中国分类主题词表［M］. 北京：华艺出版社，1994.

[4] American Memory from the Library of Congress [EB/ OL]. http: // memoryloc.gov/ ammem/ index .html，2009-09-01 .

[5] CADAL. CADAL 元数据规范草案（Version 2.0）[R/OL]. [2013-04-23]. http://www.cadal.cn/cnc/cn/jsgf/CADAL_metadata_2004.pdf.

[6] Case Study : Memorial University's Digital Archive Initiative – Digitizing Intangible Cultural Heritage : A How-To Guide | Find Resources |Canadian Heritage Information Network [EB/ OL]. [2016 -05 -13]. http://www.rcipchin.gc.ca/carrefour-dusavoir-knowledge-exchange/ patrimoine_immateriel-intangible_heritage-eng.jsp?page =etudecascase_study.

[7] CDL. Guidelines for Digital Objects [EB/OL]. [2013-04-23]. http://www.cdlib.org/services/ dsc/contribute/docs/GDO.pdf.

[8] Cultural Documentation Guidelines,（The American Folk life Center，Library of Congress）[EB/ OL]. [2016-05-06]. http://www.loc.gov/folk life/ed resources/ed training documents.htm.

[9] Europeana. European Library Metadata [EB/OL]. [2013-04-23]. http://www.theeuropeanlibrary.org/portal/organisation/handbook/display_en.html.

[10] F · 拉普. 技术哲学导论［M］. 辽宁科技出版社，1985 年版。转引自裘涵，陈侃. 文化研究：技术标准化研究的新视角［J］. 浙江社会科学，2011（4）.

[11] GB/T 13016-2009标准体系表编制原则和要求［S］. 2009-05-06.

[12] GB/T 20000.1-2002 标准化工作指南 第 1 部分 标准化和相关活动的通用词汇［S］. 2002-06-20.

[13] Hathitrust. Hathitrust Metadata [EB/OL]. [2013-04-23]. http://www.hathitrust.org/ hathifiles_description.

[14] Homma，Heleen. “Research is the basis of knowledge : four art knowledge centers in the Netherlands-Part of a special issue Art libraries and art librarianship in the Netherlands”，Art Libraries Journal，34（4）.

[15] Horkheimer M, Adorno T W, Noeri G. Dialectic of enlightenment [M]. Stanford University Press, 2002.

[16] Horkheimer M, Adorno T W, Noeri G. Dialectic of enlightenment [M]. Stanford University Press, 2002.

[17] Intangible Cultural Heritage|Training [EB/OL]. [2016-05-13]. http://www.mun.ca/ich/documenting/training.php.

[18] ISO/IEC 编著，中国国家标准化管理委员会国际合作部译.ISO/IEC 导则 [M]. 中国标准出版社，2008.

[19] Mutual Cultural Heritage|National Archives of the Netherlands [EB/OL]. [2016-05-06]. http://en.nationaal archief.nl/international-cooperation/mutual-cultural-heritage-0.

[19] National Core Arts Standards : A Conceptual Framework for Arts Learning [S]. 2014.

[20] Open Library. Open Library Metadata [EB/OL]. [2013-04-23]. http://open library.org/about/in fogamidc.

[21] UNESCO Culture Sector-Intangible Heritage-2003 Convention [EB/OL]. [2016-06-08]. http://www.unesco.org/culture/ich/index.phplg=en&pg=00006.

[22] 阿梅龙、狄安涅著，刘森林主编 . 法兰克福学派在中国 [M]. 社会科学文献出版社，2011.

[23] 埃德加・莫兰，陈一壮.时代精神 [M]. 北京大学出版社，2011 : 26.

[24] 安妮 - 克洛德・安布鲁瓦兹 - 朗迪，斯特凡纳・奥利韦西. 从遗产到遗产化：批判视角 [J]. 龙希，译. 第欧根尼，2019 (1).

[25] 白宪波. “标准化时代” 基层非遗保护若干问题探讨 [J]. 文化遗产，2018 (6).

[26] 柏贵喜.名录制度与非物质文化遗产保护 [J]. 贵州民族研究，2007 (4).

[27] 北京市文化局 . 北京市文化局 “十三五” 时期文化发展规划 [EB]. [2017-3-18]. http://www. bjwh. gov. cn/bjwh/zwgko/bmdL/gh/401200/index. Html.

[28] 湖南省文化厅 . 湖南省文化厅关于印发 (湖南省文化厅 “十三五” 时期文化发展规划) 的通知 [EB]. [2017-3-4]. http://www. hnswhL90v. Cn/new/) xxgk/gggs/contem-99165. Html.

[29] 程素琴.数字出版传播特性研究 [M]. 北京:中国广播电视出版社，2010 (21-26).

[30] 陈爱国，徐晓强，石宇 . 标准化视角下优秀传统文化的发展——以乌兰牧骑为例 [J]. 中国标准化，2021 (19).

[31] 单世联 . 论文化产业的 “标准化” 问题———以法国思想家莫兰为中心的讨论 [J]. 广东社会科学.2016 (4).

[32] 范美俊.美术教育应警惕 “标准化” [N]. 中国文化报.2014-12-7.

[33] 非遗分类保护标准将制定 [N]. 法制日报，2011-6-2.

[34] 费伊．“三位一体”:非遗保护的宁波模式［ N ］. 中国文化报，2011-12-21.
[35] 傅铿.文化：人类的镜子——西方文化理论导论［ M ］. 上海人民出版社，1990.
[36] 高小康．“红线”:非遗保护观念的确定性［ J ］. 文化遗产，2013（ 3 ）.
[37] 古籍著录细则［ EB/L ］. http: // www.cadal.net/cnc/cn/jsgf/gjzlgz20040426.pdf，2009-12-12.
[38] 湖北省文化厅．湖北省文化厅正式启动非遗保护规范研究工作［ EB ］.［ 2017-3-4 ］. http://www. hbwh. govcn/xwd // zgyw/12102. Html.
[39] 黄小驹.民间艺术品是否需要“标准”应该如何制定［ N ］. 中国文化报，2007-08-10.
[40] 黄永林，王伟杰．数字化传承视域下我国非物质文化遗产分类体系的重构［ J ］. 西南民族大学学报，2013（ 8 ）.
[41] 兰英，蒋柠，刘默．论标准化与少数民族服饰非物质文化遗产保护传承——以蒙古族服饰标准化研究为例［ J ］. 中国标准化，2013（ 12 ）.
[42] 李春玲.文物保护标准意见征求解析［ N ］. 中国文物报，2014-10-31.
[43] 李春田主编.标准化概论［ M ］. 中国人民大学出版社，2014.
[44] 李会光．欧美日中标准制定和管理机制的比较研究［ D ］. 河北工业大学 2007 年硕士学位论文。
[45] 李墨丝.非物质文化遗产保护法制研究［ D ］. 上海:华东政法大学，2009.
[46] 李上，王青山.浅析标准化与文化的互动发展关系［ J ］. 航空标准化与质量，2013（ 1 ）.
[47] 李昕.非物质文化遗产保护与文化产业发展［ M ］. 南京：江苏人民出版社，2010.
[48] 李彦忠，孙少坤，肖新华，赵大有．泛在学习数字化资源技术标准的设计原则研究［ J ］. 中国远程教育，2010（ 9 ）：64–68.
[49] 李颖.美国标准管理体制概况［ J ］世界标准信息，2002（ 8 ）.
[50] 李长春.正确认识和处理文化建设的若干重大关系［ J ］. 求是，2010（ 6 ）.
[51] 刘聪明.古籍数字化实践与探讨［ J ］. 现代情报.2011（ 1 ）.
[52] 刘辉，王益谊，付强.美国自愿性标准体系评析［ J ］中国标准化，2014（ 3 ）.
[53] 刘立英．体育非物质文化遗产保护标准化研究［ D ］. 武汉体育学院 2017 年硕士学位论文。
[54] 刘玉睿．多元化、标准化与大一统——当代中国美术现状刍议［ J ］. 艺术论坛，2012（ 03 ）.
[55] 罗威，易军凯，何坤鹏．构建文物数字化保护标准体系主题词表的探索［ A ］. 博物馆的数字化之路［ C ］，北京：电子工业出版社，2015.
[56] 吕晓珊．试论传统民间刺绣挑花手工艺类非物质文化遗产的保护标准——以湖南隆回花瑶挑花为例［ J ］. 文化遗产，2017（ 3 ）.

[57] 美国标准学会（ANSI）网站：Introduction to ANSI，American National Standards Institute（ANSI）website [EB/OL]. [访问日期2014-12-07]，www.ansi.org.

[58] 美国博物馆协会编著，〔美〕伊丽莎白 E. 梅里特评述，路旦俊翻译 . 美国博物馆国家标准及最佳做法 [M]. 外文出版社，2010.

[59] 民国图书元数据著录细则 [EB/OL].http: // www .cadal.net/cnc/ cn/ jsgf/mgzlgz2004 .pdf，2009-12-12.

[60] 旻苏，李景.美国标准体系及战略分析 [J]. 中国标准化，2006（9）.

[61] 穆霁月 . 日本档案数字化建设对我国的启示 [D]. 山东大学硕士学位论文，2014（7）.

[62] 齐乐.中日两国中小学音乐课程标准比较研究——中国《全日制义务教育音乐课程标准》与日本“中小学音乐学习指导要领”比较 [D]. 东北师范大学，2008.

[63] 邱晓燕，朱荣，杨立昊 . 用标准化手段创新民族文化保护工作探究 [J]. 中国标准化，2015（12）. 裘涵，陈侃 . 文化研究：技术标准化研究的新视角 [J]. 浙江社会科学，2011（4）.

[64] 全国非物质文化遗产保护工作会议在京召开 [EB]. [2017-5-16]. http://www.chinafolklore.org/web/index.php? Page=1&NewsID=15780.

[65] 让 - 伊夫戈菲 . 技术哲学 [M]. 商务印书馆，2000 年版 . 转引自裘涵，陈侃 . 文化研究：技术标准化研究的新视角 [J]. 浙江社会科学，2011（4）.

[66] 三木光范.「人间中心」に潜む落とし穴 [N]. 产经新闻，2008-6-19.

[67] 山东省文化厅 . 非物质文化遗产十大类别分类保护标准基础性研究工作持续推进 [EB]. [2017-2-25]. http://www. sdwhLgov. cn/html/2014/fyky_1215/17524. Html.

[68] 实际公布的项目，2013 年以前均称“非物质文化遗产名录项目”（第一、第二、第三批），2013年以后称“非物质文化遗产代表性项目”。

[69] 史晨暄.世界文化遗产“突出的普遍价值”评价标准的演变 [J]. 风景园林，2012（2）.

[70] 宋琳琳，李海涛 . 大型文献数字化项目的元数据标准的调查与构建 [J]. 图书馆杂志，2013（11）.

[71] 孙向裕，郑耀星 . 福建传统音乐类非物质文化遗产标准化保护研究 [J]. 海南师范大学学报（自然科学版），2015（2）.

[72] 唐琼，张玫.“美国记忆”与“共享工程”比较研究 [J]. 图书馆理论与实践，2006（1）.

[73] 田小杭.中国传统工艺全集 · 民间手工艺 [M]. 郑州：大象出版社，2007.

[74] 屠跃明，翟瑶.档案数字化的元数据研究 [J]. 兰台世界，2012（14）.

[75] 王丹.当代中国色彩意象文化及其数字化产品设计研究 [D]. 北京邮电大学，2012级硕士学位论文。

[76] 王海英.对档案数字化中保密工作的思考 [J]. 理论研究，2016（4）:190.

[77] 王海瀛.标准化视角下的非物质文化遗产保护 [J]. 标准科学，2015（10）.

[78] 王海瀛.福建省非物质文化遗产保护标准化现状及对策 [J]. 中国标准导报，2016（8）.

[79] 王璐，隋欣.艺术传承中的学术定义标准化 [J]. 艺术研究.2013（04）.

[80] 王荣.谈高校图书馆书目数据库的标准化建设 [J]. 情报杂志，2002（8）.

[81] 王伟赟. 高校图书馆特色数据库建设标准刍议 [J]. 情报资料工作，2006（3）.

[82] 王炜丽，黄家伟. 非遗传承标准助力 [N]. 湖州日报，2018-5-15.

[83] 王霄冰，胡玉福. 论非物质文化遗产保护工作的规范化与标准体系的建立 [J]. 文化遗产，2017（5）.

[84] 王霄冰.祭孔仪式的标准化与在地化 [J]. 民俗研究，2015（2）.

[85] 王晓葵.日本非物质文化遗产保护法规的演变及相关问题 [J]. 文化遗产，2008（2）.

[86] 王肖冰，胡玉福. 论非物质文化遗产保护工作的规范化与标准体系的建立 [J]. 文化遗产，2017（5）.

[87] 王耀希.民族文化遗产数字化 [M]. 北京：人民出版社，2009：19-20.

[88] 文化部.关于支持和促进文化产业发展的若干意见 [EB]. 2003（9）.

[89] 文化部非物质文化遗产司主编.非物质文化遗产保护法律法规资料汇编 [M]. 北京：文化艺术出版社，2013.文化部工业和信息化部财政部.中国传统工艺振兴计划 [N]. 中国文化报，2017-3-27.

[90] 西奥多·W·阿多诺，赵勇.文化工业述要 [J]. 贵州社会科学，2011（6）.

[91] 相川春喜.现代技术论 [M]. 三笠书房，1940年版。转引自裘涵，陈侃.文化研究：技术标准化研究的新视角 [J]. 浙江社会科学，2011（4）.

[92] 徐艺乙.非遗申报和保护都须规范 [J]. 世界遗产，2013（3）.

[93] 许锐.建国后我国小学音乐教学大纲（课程标准）的比较研究 [D]. 中国音乐学院.2012.

[94] 许鑫，张悦悦.非遗数字资源的元数据规范与应用研究 [J]. 图书情报工作》2014（21）.

[95] 阎平.文化产业标准化问题研究 [J]. 湖北大学学报（哲学社会科学版），2010（6）.

[96] 永林.数字化背景下非物质文化遗产的保护与利用 [J]. 文化遗产》2015（1）.

[97] 于力.浅谈非物质文化遗产建档与遗产保护和利用的关系 [J]. 才智，2014（4）.

[98] 张刚，邱邑洪.文艺资源保护走上标准化道路 [N]. 中国文化报，2009-1-13.

[99] 张惠君，张春红，萧德洪等."CALIS重点学科网络资源导航库"标准与规范述评 [J]. 大学图书馆学报，2006（3）.

[100] 张松.非物质文化遗产的保护机制初探——基于中日比较视角的考察 [J]. 同济大学学报:社会科学版，2010（6）.

[101] 张勇，蔡璐，李月明.非物质文化遗产数字资源元数据标准应用的研究和思考 [J]. 图书馆，2016（2）.

［102］张中波，徐晓婷.论产业化语境中民间艺术资源的层次开发模式［J］. 齐鲁艺苑，2014（05）.

［103］赵濛.梅兰芳代表剧目服饰的色彩标准化研究与应用［D］. 北京工业大学，2015.

［104］赵勇.法兰克福学派：知识分子与大众文化［M］. 北京大学出版社，2016.

［105］真溱，美国记忆特点、技术方案要点及质量标准（上）［J］. 情报理论与实践，2001（4）.

［106］郑晓松.技术与合理化［D］. 复旦大学，2005年学术论文。转引自裘涵，陈侃.文化研究：技术标准化研究的新视角［J］. 浙江社会科学，2011（4）：22.

［107］中国科学技术情报研究所，北京图书馆主编. 汉语主题词表［M］. 北京：科学技术文献出版社，1980.

［108］中国数字文化艺术资源标准化技术建设——项目简介［EB/OL］. http: // cdls.nstl.gov.cn/2003/whole/about.html，2009-11-10.

［109］中华人民共和国文化部 . 各地贯彻落实（中华人民共和国非物质文化遗产法）情况评估报告［EB］.［2017-4-26］. http://www.mcprc.90v.cn/whzx/whyw/201702/t20170210 —490717.

［110］中华人民共和国文化部. 国家级非物质文化遗产保护与管理暂行办法（中华人民共和国文化部令第 39 号）［EB/OL］.（2006-11-02）［2020-01-20］. http://zwgk.mct.gov.cn/auto255/200612/t20061215_465520. html?keywords=.

［111］中华人民共和国文化部 . 文化部“十三五”时期文化发展改革规划［EB］.［2017-3-26］http://zwgk.mcprc.gov.cn/aut0255/201702/t20170223 — 491392. Html.

［112］中华人民共和国文化和旅游部. 国家级文化生态保护区管理办法（中华人民共和国文化和旅游部令第 1 号）［EB/OL］.（2018-12-10）［2020-01-20］. http://zwgk. mct.gov.cn/auto255/201812/t20181225_836660. html?keywords=.

［113］中华人民共和国文化与旅游部. 国家级非物质文化遗产代表性传承人认定与管理办法（中华人民共和国文化和旅游部令第 3 号）［EB/OL］.（2019-11-29）［2020-01-20］. http://zwgk.mct.gov.cn/auto255/201912/t20191210_849458. html?keywords=.

［114］周耀林，李姗姗. 我国非物质文化遗产保护的现状与对策［J］. 忻州师范学院学报，2011（5）.

后 记

2015 年末，我接手了一个新的工作任务——全国文化艺术资源标准化技术委员会秘书处的日常事务管理。从此，我的专业学习之路又多了一个新的方向，需要研究理解的问题又增添了许多，当然知识世界也变大了许多，毕竟标准化是学术研究的一个专门领域。

2017 年，因为一项工作任务——文化行业标准体系研究之文化艺术资源标准体系研究——放到了自己身上，所以从这时起，我便正式开展与此相关的研究工作。五年摸爬滚打过来，文化艺术资源标准化技术体系的门路总算摸着了一点，工作经验也积累了一些，学习也获得了一点心得。利用做课题的机会把这些想法记录下来，也算是对几年时光的一点交代。所以说，这个小书，仅仅可以定性为我对文化艺术资源标准化工作研究的一个阶段性的学习成果。

在这项研究工作中，有许多领导、师长给我提供了重要的指导与帮助。这里要特别感谢标准会委员孙一刚、周毅、咸奎桐、马云华、任冠华等领导和老师的指导与支持，他们在这个课题研究以及文稿写作的过程中，提出过许多宝贵的意见和建议，弥补了研究的诸多不足。

虽然抱着全面系统建立文化艺术资源标准体系的理想，但是因为自己在认知视野、知识储备、研究能力等各方面的局限性，这个小书目前仍留有许多问题，例如，对“标准化重要意义”的论述还需更加深入，应该站在国家文化战略高度来把握标准化的工作定位，进一步凸显在文化艺术领域推进标准化工作的重要意义；标准体系的建设还需要细化，需要进一步分析文化艺术分类与文化艺术资源分类之间的关联性，从而厘清各个标准之间的关联性，并且分清它们的重要程度；对标准宣贯措施有所考虑，确保每一项标准都能得到落实……这些问题都需要在未来的研究中进一步解决。

希望更多的朋友能参与到文化艺术资源标准化工作中来，希望这项工作在不久的未来有飞跃式的发展与进步。